LA
LIBERTÉ D'ENSEIGNEMENT

ET

LES PROJETS DE LOIS DE M. JULES FERRY

PAR

Edouard LABOULAYE

SÉNATEUR

Leben und leben lassen.

PARIS

L. LAROSE, LIBRAIRE-ÉDITEUR

22, RUE SOUFFLOT, 22

—

1880

LA

LIBERTÉ D'ENSEIGNEMENT

ET

LES PROJETS DE LOIS DE M. JULES FERRY

LA
LIBERTÉ D'ENSEIGNEMENT

ET

LES PROJETS DE LOIS DE M. JULES FERRY

PAR

EDOUARD LABOULAYE

SÉNATEUR

Leben und leben lassen.

PARIS

L. LAROSE, LIBRAIRE-ÉDITEUR

22, RUE SOUFFLOT, 22

1880

PRÉFACE

Après les discours prononcés à la Chambre des Députés, après les nombreuses brochures qui ont été publiées sur la liberté d'enseignement, il peut sembler inutile de rentrer dans un débat à peu près épuisé. J'ai cru cependant que, dans une affaire aussi grave, il était de mon devoir de publier mon opinion ; je dirai les raisons qui m'ont décidé.

En insérant dans la loi sur la liberté d'enseignement l'article 7 qui chasse de toutes les écoles les congrégations non autorisées, le Ministre de l'Instruction publique a compliqué d'une façon regrettable une question déjà fort délicate. Toucher, ou avoir l'air de toucher à la liberté religieuse, c'était remuer des cendres à peine éteintes, et risquer de rallumer un brandon de discordes civiles. *On commence par exclure, on finit toujours par proscrire*, disait en 1820 M. de Serre. Un homme d'État ne devrait jamais oublier cette maxime qui résume l'histoire et les fautes de la Révolution.

Cette confusion de la liberté religieuse et de la liberté d'enseignement a troublé les délibérations de la Chambre, elle troublera celles du Sénat. On peut craindre que le fond de la loi soit à peine examiné ; on ne verra, on ne discutera que l'article 7, car pour le grand nombre cet article est toute la loi. Peut-être même y aura-t-il plus d'un sénateur qui croira faire un grand acte de libéralisme en repoussant l'article 7 et en votant le reste du projet.

Pour moi j'estime que la loi tout entière n'est pas meilleure que cette disposition malheureuse et ne contribuera pas davantage à conserver la paix publique. Voilà pourquoi je m'adresse à l'opinion, étant convaincu qu'au Sénat, une fois le débat engagé, on n'écoutera que ceux qui parleront pour ou contre les Jésuites. Quelle que soit la bienveillance de mes collègues je ne prétends nullement m'imposer à leur attention ; mais, comme citoyen, je tiens à maintenir les principes libéraux, compromis en ce moment par ceux qui devraient les défendre. C'est à ce titre que je fais appel à tous les amis de la liberté, quel que soit leur symbole politique ou religieux.

Dans la discussion on a souvent invoqué la Révolution. C'est au nom des immortels principes de 1789, autant qu'au nom des traditions monarchiques, qu'on a essayé de justifier les lois nouvelles ; cependant il est remarquable qu'on n'a guère interrogé ce passé républicain. L'oubli est regrettable, car sur ce terrain négligé on eût trouvé des choses nouvelles. A peine échappés de la monarchie absolue, nos pères réclamaient la liberté de l'enseignement comme le droit du citoyen, et, tout en voulant établir une éducation nationale, ils repoussaient toute ingérence de l'État. Comment se fait-il qu'on n'ait consulté ni le Comité de l'Assemblée constituante, ni Mirabeau, ni Condorcet, ni Daunou ? J'ai tâché de combler cette lacune. Peut-être que ces voix républicaines inspireront au lecteur quelques doutes sur l'excellence des mesures qu'on lui propose aujourd'hui.

Enfin on a critiqué sans merci la loi de 1875, comme établissant le régime du privilège et de la faveur. Président de la commission qui a préparé cette loi, commission dont M. Ferry faisait partie, j'ai été surpris, je l'avoue, d'entendre le ministre déclarer à la tribune que « la loi de 1875 n'était pas une loi de liberté vraie, qu'elle n'avait pas pour but de créer la liberté d'enseignement, mais qu'elle se proposait simplement d'organiser le partage du monopole[1] » Voilà les membres de la commission baptisés jésuites de la main de M. Ferry. En vérité, je ne croyais pas qu'à quatre ans de distance on pût représenter de la sorte des événements auxquels on a été mêlé, une discussion qui s'est faite au grand jour et qui est imprimée Je commence à croire que Robert Walpole avait raison, quand il priait son fils de ne pas lui lire un

[1] *Journal officiel* du 5 juillet, p. 6152.

livre d'histoire *parce que*, disait-il, *il n'aimait pas les romans*. Mes souvenirs sont bien différents de ceux de M. Ferry ; je tiens que la loi de 1875 a été faite dans un esprit vraiment libéral, et je le montrerai. Elle a au moins un avantage qu'on ne peut lui disputer ; elle ne proscrit personne.

Je n'ai point parlé de l'Université, ne voulant la mêler en rien à une discussion où la politique tient plus de place que l'enseignement. J'estime infiniment le mérite et le zèle des professeurs de l'Université, je serai toujours prêt à leur rendre justice ; mais ici, ni leur talent, ni leur vertu n'est en jeu. On veut donner à l'Université un monopole de direction qui lui sera fatal ; l'administration y gagnera plus de puissance et d'arbitraire que de popularité, les professeurs y perdront en indépendance et en dignité. L'effet naturel de tout monopole est de mettre ceux qu'on emploie à la merci de celui qui tient en main le privilège. La loi de 1875 n'a pas été défavorable à l'Université, les pouvoirs publics se sont occupés d'elle ; on a amélioré l'état de l'enseignement et la situation des maîtres ; la centralisation en avait moins fait en un demi-siècle que la concurrence en quatre ans. Pourquoi renverser un régime qui profite à tout le monde ? Puisse l'Université ne pas apprendre par une dure expérience que la meilleure garantie de ses droits, c'est la commune liberté !

livre d'histoire *parce que*, disait-il, *il n'aimait pas les romans*. Mes souvenirs sont bien différents de ceux de M. Ferry ; je tiens que la loi de 1875 a été faite dans un esprit vraiment libéral, et je le montrerai. Elle a au moins un avantage qu'on ne peut lui disputer ; elle ne proscrit personne.

Je n'ai point parlé de l'Université, ne voulant la mêler en rien à une discussion où la politique tient plus de place que l'enseignement. J'estime infiniment le mérite et le zèle des professeurs de l'Université, je serai toujours prêt à leur rendre justice ; mais ici, ni leur talent, ni leur vertu n'est en jeu. On veut donner à l'Université un monopole de direction qui lui sera fatal ; l'administration y gagnera plus de puissance et d'arbitraire que de popularité, les professeurs y perdront en indépendance et en dignité. L'effet naturel de tout monopole est de mettre ceux qu'on emploie à la merci de celui qui tient en main le privilège. La loi de 1875 n'a pas été défavorable à l'Université, les pouvoirs publics se sont occupés d'elle ; on a amélioré l'état de l'enseignement et la situation des maîtres ; la centralisation en avait moins fait en un demi-siècle que la concurrence en quatre ans. Pourquoi renverser un régime qui profite à tout le monde ? Puisse l'Université ne pas apprendre par une dure expérience que la meilleure garantie de ses droits, c'est la commune liberté !

CHAPITRE PREMIER

CARACTÈRE DES LOIS PROPOSÉES

S'il est un sujet qui demande à être traité par le législateur avec une largeur d'esprit et une bienveillance particulière, c'est la liberté d'enseignement. En effet, elle intéresse à la fois l'autorité du père de famille, les droits de la conscience, la liberté d'opinion, la liberté d'association, et enfin la liberté d'industrie dans sa plus belle application. Quoi de plus légitime que de vivre en propageant la vérité ? N'est-ce pas la liberté d'enseignement qui assure la diffusion de la science, et le progrès de la civilisation ? Aussi ne faut-il pas s'étonner si elle règne sans partage chez les peuples qui les premiers ont compris la puissance des institutions libres : j'ai nommé l'Angleterre et les Etats-Unis.

En France, il a fallu plus d'un jour pour l'établir. Reconnue par la Constitution de l'an III, promise par la Charte de 1830, proclamée par les républicains de 1848, elle n'est entrée que peu à peu dans nos lois. C'est la Chambre de 1833 qui a donné la liberté de l'enseignement primaire, c'est la République qui en 1850 a affranchi l'enseignement secondaire, et en 1875 l'enseignement supérieur. On peut dire sans injustice que, depuis cinquante ans, il y a eu un effort continu de l'opinion pour obtenir la liberté d'enseignement, mais qu'on la doit surtout aux gouvernements républicains.

Cette liberté, si péniblement obtenue, n'est pas, tant s'en faut, la liberté anglaise ou américaine ; c'est une liberté tempérée, et, si je puis me servir de ce mot, accomodée au goût français qui répugne à tout ce qui est radical ou violent. A tort ou à raison, on est d'accord pour reconnaître à l'Etat le droit de fonder des établissements modèles, largement dotés au budget; on lui attribue une surveillance suprême sur tout ce qui touche à la moralité, à l'hygiène, à la salubrité des établissements libres, et on lui donne le droit de poursuivre tout enseignement contraire à la morale, à la Constitution, et aux lois. Il ne faut donc pas parler d'une liberté absolue de l'enseignement en France; la liberté qui existe aujourd'hui, celle dont on demande le maintien, c'est une liberté restreinte, et réglée par la loi.

Les lois présentées par M. Jules Ferry ont-elles pour objet de seconder ce mouvement libéral? Point du tout; elles ont pour objet de l'arrêter brusquement, et de revenir de cinquante ans en arrière. Le pays s'est trompé ou on l'a trompé; on l'a engagé dans une voie désastreuse, la liberté le perd; « ce que se propose un gouvernement soucieux des droits de l'Etat, jaloux de sa responsabilité, et qui s'est donné pour tâche de restituer à la chose publique, dans le domaine de l'enseignement, la part qui doit lui appartenir, et qui va s'amoindrissant depuis bientôt trente ans, sous l'effort des *usurpations* successives [1], » c'est d'arrêter la France au bord de l'abîme. Voilà l'œuvre *réparatrice et nationale* que le ministre a le ferme espoir de mener à terme, et il assure qu'il a pour lui l'opinion. « La France républicaine voit clairement le péril qui la menace, et elle *entend* qu'on emploie pour y faire face les procédés les plus directs, qui sont aussi quoi qu'on dise, les plus efficaces [2]. » Je ne me permettrai pas de creuser le sens de cette dernière phrase; je craindrais d'aller trop loin.

C'est donc d'un péril social *longtemps* méconnu que M. Ferry veut tirer la France; le moyen, toujours le même en pareil cas, c'est de supprimer ou de réduire la liberté. Diminuer la part de la loi, augmenter celle de l'administration, *tempérer le droit commun par l'arbitraire de l'Etat*, c'est la panacée de tous les sauveurs qui se sont offerts depuis cinquante ans. Ce qui m'étonne, c'est qu'un ministre républicain propose à des républicains d'emprunter à la réaction des procédés *qui ont toujours ruiné ceux qui les emploient et n'ont jamais rien sauvé*.

Ce qui m'étonne davantage, c'est la théorie sur laquelle on appuie la nouvelle réforme. Cette théorie trop connue et depuis

[1] Loi sur le Conseil supérieur, exposé des motifs, p. 1.
[2] Lettre de M. Ferry à M. Maillé, député d'Angers. (*Débats* du 10 septembre.)

longtemps abandonnée, c'est l'omnipotence de l'Etat. Benjamin Constant, Vinet et Bastiat lui ont porté le coup mortel ; ni l'éloquence d'un ministre, ni le vote d'une loi, ne feront que cette vieille erreur devienne la vérité.

Qu'est-ce donc que l'Etat dans la langue moderne ? Rien autre chose que la désignation de la puissance publique. Et comme l'a dit Vinet avec autant d'esprit que de sens : « Dans la réalité (l'Etat), c'est quelqu'un et ce n'est pas tout le monde. L'Etat est toujours un parti [1]. » Comment donc est-ce à un parti qu'on remettrait le monopole ou, ce qui revient au même, la direction universelle de l'éducation ?

C'est ici qu'intervient la métaphore. Elle a égaré M. Ferry, elle en a perdu et en perdra bien d'autres. *Dieu, délivre nous du malin et de langage figuré* [2], disait Paul-Louis écrasé par un réquisitoire. Il avait bien raison. L'Etat, pour les centralistes, c'est l'idéal, j'allais dire l'idole, à laquelle on prête toutes les qualités, toutes les vertus, tous les droits; l'Etat, c'est la société, c'est l'intérêt général, c'est la raison, c'est la justice; l'Etat, qui le croirait, est le père universel de tous les citoyens, et à ce dernier titre nul ne peut enseigner qu'avec sa permission et sa délégation. « *Jésus, mon sauveur*, m'écrierai-je avec Paul-Louis, *sauvez-nous de la métaphore !* »

Qu'on ne croie pas j'exagère. Le principe étant donné, les conséquences en découlent tout naturellement. Voici les paroles de M. Ferry :

L'Etat doit conserver une certaine direction des intelligences... Etes-vous pour la direction des intelligences [3] ?...

Voici encore, Messieurs, ce profond différend sur lequel nous ne nous entendrons jamais avec ce côté de la Chambre (la droite). Encore le même malentendu.

Oui, il y a de la part de l'Etat qui *laisse* ouvrir des établissements pour l'éducation des enfants un acte de confiance dans les maîtres. Telle est notre théorie, ce n'est pas la vôtre. Non, je le sais bien ! Vous prétendez substituer uniquement à cette confiance de l'Etat la confiance du père de famille.

A droite. Oui ! oui ! La liberté !

[1] Astié, *Esprit d'Alexandre Vinet*, t. II, p. 242.
[2] *Pamphlet des Pamphlets.*
[3] *Journal officiel* du 1er Juillet, p. 5942.

Le Ministre. Eh bien ! je vous réponds qu'*il existe un père de famille qui doit être au moins aussi respecté que les autres, car il les comprend tous, c'est l'État* (Bruyantes exclamations à droite. Très bien et applaudissements à gauche et au centre [1].)

On objecte que cette paternité universelle, empruntée de l'ancien régime, où elle pouvait être à sa place, n'a aucun sens dans une démocratie, où chacun est maître absolu de sa conscience et de ses opinions. Comme figure de rhétorique on peut en user à la tribune, mais en faire le principe d'une loi républicaine, c'est porter atteinte à la liberté religieuse non moins qu'à la liberté d'enseignement.

M. Ferry est sensible à ce reproche ; il voit bien que là est le côté faible, le défaut capital de ses lois. Aussi est-ce avec une certaine véhémence qu'il proteste de son respect pour la religion, qu'il affirme ne pas toucher à la liberté d'enseignement.

Malgré les sophismes et les calomnies, écrit-il à la Société d'instruction de la Haute-Saône, vous avez compris que les projets de loi ne sont pas une menace pour la liberté, mais seulement pour cette *faction* qui est l'éternelle ennemie des libertés françaises.

Laissons ce mot de calomnie qui n'est pas ici à sa place. Personne, assurément, n'a le droit d'accuser les intentions du ministre ; nous devons tous nous respecter les uns les autres ; c'est la première condition de la vie publique ; mais les choses sont ce qu'elles sont, et non pas ce que nous voudrions qu'elles fussent. Les lois proposées portent-elles atteinte à la liberté religieuse et à la liberté d'enseignement ? Ce n'est pas là une question d'intention, c'est une question de fait. M. Ferry défend ses projets avec une franchise, je dirais presque avec une ferveur qui prouve toute la force de sa foi, mais ceux qui ne partagent pas ces opinions ont le droit de les critiquer, sinon avec la même éloquence, du moins avec la même sincérité.

Lors donc que le ministre déclare qu'il trouve « l'orthodoxie la chose la plus respectable du monde, à la condition de se renfermer dans les temples [2] », on d'autres termes lorsqu'il déclare que les lois sur l'enseignement ne s'opposent nullement à ce que le curé

---

[1] *Journal officiel* du 1er juillet, p. 635.
[2] *Journal officiel*, p. 7033.

baptise, marie et enterre ses paroissiens, nous n'avons qu'à nous incliner devant ce témoignage de respect; mais il est plus d'un chrétien qui le trouvera insuffisant. « L'Eglise, dit le protestant Vinet, renferme l'école; il ne peut point y avoir, d'après la nature même du christianisme et la forme sous laquelle il nous a été donné, d'Eglise sans école. Partout où le vrai christianisme s'établira, vous verrez naître des écoles [1]. » On peut ajouter que partout où règne la pleine liberté d'enseignement la plupart des écoles ou des collèges sont confessionnels, témoin l'Angleterre. Ce n'est pas d'hier que l'Eglise réclame ce droit d'enseigner. Quand Julien interdit aux chrétiens l'enseignement des belles-lettres pour leur enlever l'éducation de la jeunesse, toute l'Eglise se souleva contre lui, et cria à la persécution. L'histoire a donné raison aux chrétiens, et Julien n'a laissé qu'un nom douteux malgré les grandes qualités qui l'ont fait admirer de Montaigne et de Montesquieu.

Venons maintenant à l'article 7 qui exclut du droit d'enseigner tous les membres des congrégations non autorisées. Quelle sera la portée de cette exclusion?

Ecoutons sur ce point ce qu'a dit à la tribune M. Ferdinand Boyer, dans son excellent discours :

Il s'agit simplement de montrer, par des chiffres, la gravité de la mesure à laquelle on vous convie.

Ce qu'on veut, c'est chasser, exclure de l'enseignement, 141 congrégations non autorisées, 16 congrégations d'hommes et 125 congrégations de femmes. On veut fermer ainsi 641 établissements, 181 d'hommes, 560 de femmes. On veut chasser du personnel enseignant 6,740 professeurs, et enfin on veut priver de leurs maîtres 64,409 élèves.

Voilà le bilan du mal que l'on vous invite à accomplir [2].

Les chiffres n'ont pas été contestés, mais le ministre, pour affaiblir l'énormité de la mesure, a déclaré qu'il était hors d'état de fournir, quant à présent, des institutrices, et qu'on autoriserait les congrégations de femmes. Ce sont donc environ 1,500 prêtres, tous français de naissance, tous citoyens, électeurs et éligibles, qui ont fait vœu de pauvreté mais non pas de mourir de faim, ce sont ces citoyens dont la loi va faire des parias. Le gouvernement aura le droit de les chasser de l'enseigne-

---

[1] Astié, *Esprit d'Alexandre Vinet*, t. II, p. 306.
[2] *Journal officiel* du 18 juin, p. 5329.

mont; leur crime, crime nouveau assurément, c'est de ne pas avoir la confiance de l'État. Ce sont seize mille enfants qu'on jettera sur le pavé, seize mille enfants pour lesquels les pères de famille avaient choisi des maîtres autorisés par la loi. Il est vrai que, pour consoler les familles, le ministre leur déclare que pour ces petits exilés, il y aura de la place dans les établissements libres qui restent encore, et, au besoin, il leur offre un asile dans les lycées et collèges de l'Université, mais si c'est de cette façon qu'on espère rassurer des consciences scrupuleuses, que ferait-on de plus pour les effaroucher?

Certains actes, dont le ministre, il est vrai, n'est pas responsable, contribuent à donner à ses lois un caractère d'hostilité religieuse.

Il y a d'abord l'intervention de ces amis terribles, qui sont la plaie de tous les gouvernements. Logiciens intrépides, qui ne s'inquiètent jamais du point de départ, et ne craignent de faire violence ni aux choses ni aux hommes ; orateurs dramatiques qui sacrifieraient toutes les libertés de la France, pour arrondir une phrase à la Danton, rien ne les arrête. Les lois présentées ne sont qu'un palliatif insuffisant. Il faut trancher dans le vif. Il faut chasser de l'enseignement tous les prêtres. « Le clergé, dit M. Madier de Montjau, crie bien haut que nous le mettons hors la loi. Oui, nous l'y mettons, et il faudra bien qu'il y reste[1]. » Étonné lui-même de l'effet produit par ces paroles qui rappellent des jours sinistres, M. de Montjau qui, au fond est un excellent homme, a essayé d'expliquer et d'adoucir ces menaces : « J'ai eu tort de dire que nous mettrons les prêtres hors la loi, parce qu'ils y sont. » Et comment y sont-ils? Parce que le Concordat fait une situation particulière au prêtre employé et soldé par l'État. En quoi le Concordat concerne-t-il le prêtre libre qui donne librement l'enseignement, comme tout autre citoyen? Comment enfin concilier cette espèce de rétractation avec l'amendement que M. de Montjau présente de concert avec soixante de ses collègues, et qui exclut de l'enseignement tout membre du clergé séculier et régulier. C'est bien là une mise hors la loi ; il n'y a pas à s'en dédire.

Joignez à cette déclaration de guerre l'expulsion des frères et des sœurs employés dans l'enseignement municipal, expulsion

[1] *Journal officiel* du 1er juillet, p. 6324.

poursuivie à Paris et dans les grandes villes par le parti avancé ; n'oubliez pas ce débordement de caricatures, tolérées par le gouvernement, et qui, systématiquement et au mépris des lois, dénoncent à la haine publique une classe de citoyens ; lisez les journaux qui, chaque matin, insultent et vilipendent le clergé, et demandez-vous si, un ministre, quelle que soit la droiture de ses intentions, aura la force d'arrêter la République, une fois qu'elle sera lancée sur la pente où il veut l'engager ?

Quant à la liberté d'enseignement, M. le Ministre se rit des vains fantômes qu'on évoque contre lui. Il rappelle qu'il y a 18,000 écoles primaires tenues par des congréganistes autorisés, 130 établissements secondaires tenus par le clergé régulier, 85 autres établissements sous la direction des évêques, *et vous venez parler de monopole*, s'écrie-t-il avec indignation [1] ?

Il n'y a ici, ce me semble, qu'une querelle de mots. Qu'est-ce que le monopole universitaire ? Est-ce le droit attribué aux professeurs de l'État de donner l'enseignement à l'exclusion de tout autre maître ? Non, sans doute. L'Université impériale de 1808 souffrait à côté d'elle des établissements particuliers. Elle n'a formé ni Sainte-Barbe ni Juilly. Et, cependant, elle avait le monopole de l'enseignement.

En quoi donc consistait ce monopole ? Dans le pouvoir de déléguer l'enseignement à qui elle voulait, sous les conditions qu'elle seule déterminait. Personne ne pouvait enseigner qu'avec la marque et sous le contrôle de l'Université.

Maintenant supposons le vote des lois nouvelles, on aura, il est vrai, le droit d'ouvrir jusqu'à nouvel ordre des écoles libres ; mais l'Université règlera à son gré les programmes d'études, et décidera quels livres il est permis d'introduire dans l'enseignement ; elle sera maîtresse des examens, elle aura l'inspection de toutes les écoles, et la juridiction suprême. Franchement si ce pouvoir n'est pas un monopole, il y ressemble beaucoup. Qu'on l'appelle droit de l'État, autorité supérieure, direction générale, il faut bien reconnaître que ce n'est plus le régime de la liberté ; c'est le règne du privilège.

Pour l'école libérale, cette direction, cette surveillance, cette influence prépondérante de l'État, est la négation même de la liberté d'enseignement. La liberté appartient à tous ; elle est un

<hr>

[1] *Journal officiel* du 1er juillet, p. 6011.

droit, non une grâce ; elle relève de la loi et non de l'administration. Supposez une direction, une surveillance, une juridiction administrative de la presse, et dites si dans un pareil système la liberté des journaux serait autre chose qu'un vain mot ? Il est donc permis de croire que les catholiques et les libéraux qui s'effraient des lois nouvelles ne sont pas tout à fait dans leur tort. En défendant des droits qui sont le patrimoine commun des peuples libres, ils ne font pas d'opposition systématique au gouvernement qui s'égare, ils remplissent un des premiers devoirs du citoyen.

Quant aux journaux qui défendent les lois nouvelles, ils n'ont guère à leur service qu'un argument toujours le même. C'est le discours de Gustave-Adolphe à ses soldats sur le champ de bataille : « Vous voyez ces hommes qui sont en face de vous ; si vous ne les tuez pas, ils vous tueront. » Oppose-t-on à ces doctrinaires de la République que du même coup ils tueront la liberté, ils ont une réponse toute prête. Ceux qui demandent la liberté d'enseignement sont des *ultra-libéraux*, des utopistes, des rêveurs, qui n'entendent rien à la grande politique, à cette fameuse politique qui, par parenthèse, n'a jamais réussi qu'à tout brouiller ; la liberté d'enseignement est une *prétendue liberté, une fausse liberté*, qui ne profite qu'aux ennemis de la République. Ils ne reconnaissent et n'admettent que le droit de l'État, parce que l'État est dans leurs mains. Hélas ! il y a soixante ans que je connais ce langage ; c'est celui que tenaient les *ultra-royalistes*. La liberté des journaux était une *fausse liberté*. N'avait-on pas la liberté du livre ? N'étaient-ce pas les ennemis de la monarchie qui réclamaient cette liberté funeste ? Ces vaines déclamations, ces sophismes transparents échouaient devant le bon sens d'un peuple qui aimait et comprenait la liberté. Espère-t-on aujourd'hui que nous serons plus faciles à séduire, et que le second empire nous a tellement déshabitués de la liberté que nous n'en connaissons plus les conditions ? On le dirait à l'aplomb de certains journaux qui ont l'air de croire qu'avec de grands mots ou de gros mots on peut éblouir le public et se dispenser d'avoir raison.

CHAPITRE II

L'ENSEIGNEMENT PUBLIC SOUS LA MONARCHIE

En présentant aux Chambres les lois nouvelles, le ministre de l'Instruction publique ne s'est pas inquiété d'en démontrer la légitimité. Pour lui tout découle d'un principe tellement certain qu'il est inutile de le discuter.

C'est un principe, que la présente loi a pour objet d'*affirmer*, de *revendiquer* et de *défendre*. La loi de 1875 a été le dernier terme de la campagne ouverte dans notre pays depuis bientôt trente ans, contre les droits du pouvoir civil dans les choses de l'enseignement. Il est temps de remonter résolument une pente funeste. Pas plus qu'aucun des gouvernements qui l'ont précédé, le Gouvernement républicain ne doit abdiquer son droit de haute direction sur l'éducation de la jeunesse française[1].

Le rapporteur de la loi à la Chambre des Députés, M. Spuller, esprit méthodique et réfléchi, a senti la nécessité de donner à la discussion une base plus large : il a examiné en détail ce qu'il nomme avec raison la *question fondamentale* du pouvoir de l'Etat sur l'enseignement, « pouvoir, ajouta-t-il, qu'il s'agit aujourd'hui de *restaurer* et de mettre à l'abri de toutes les atteintes[2]. »

L'idée était juste, mais, à mon avis, M. Spuller a eu trop de confiance dans l'auteur qu'il a pris pour guide.

Le mémoire que M. Troplong a publié en 1844, et qui est intitulé : *Du pouvoir de l'Etat sur l'enseignement dans l'ancien droit public français*, est un plaidoyer en faveur de l'Etat, dans lequel on a entassé, sans beaucoup de méthode ni de critique, des

[1] Exposé des motifs du projet de loi relatif à la liberté de l'enseignement supérieur, p. 3 et 4.

[2] Rapport, p. 6.

textes qui trop souvent n'ont pas la signification qu'on leur prête. Le: conclusions qu'en tire M. Troplong sont des plus contestables, et ce qu'il appelle l'ancien droit public français ne peut avoir aucune application au temps présent. Si le rapporteur, moins défiant de lui-même, avait poussé un peu plus loin ses études personnelles, il n'aurait pas écrit que « la liberté de l'enseignement est en France une liberté toute nouvelle, qui ne date pas même de la Révolution[1], et qui n'est apparue pour la première fois, *avec son nom*, et toutes les prétentions, toutes les revendications que ce nom cache, dans la Charte de la monarchie constitutionnelle de 1830. » Et si, suivant une méthode fort à la mode, il avait réduit en diagrammes les projets législatifs et les lois qui ont tour à tour favorisé, réduit ou supprimé la liberté d'enseignement, il aurait vu que, de 1791 à 1875, la destinée de la liberté d'enseignement a été à peu près la même que celles de la liberté religieuse et de la liberté de la presse, qu'elle a passé par les mêmes phases, qu'elle a été défendue par les mêmes hommes et par les mêmes raisons. C'est pour la première fois, depuis Robespierre, qu'elle se trouve attaquée par un gouvernement républicain.

Quelle leçon peut nous donner l'ancien droit public français ? S'y est-on jamais occupé de la liberté d'enseignement ? Le nom même de cette liberté a-t-il été prononcé en France avant 1789 ?

Sans faire d'érudition inutile, il me sera permis de rappeler ce qu'on lit partout. Il suffit d'ouvrir l'*Institution au droit ecclésiastique* de l'abbé Fleury, auteur peu suspect, pour savoir que du sixième au douzième siècle, il n'y eut guère d'écoles que dans les monastères et les églises cathédrales; que, dans le courant du douzième siècle, il s'établit dans les villes des compagnies de maîtres et d'écoliers qui prirent le nom d'Universités. Celles de Paris et de Bologne sont les plus anciennes. Les papes furent les premiers à encourager ces corporations et à leur donner des règles et des privilèges. Un de ces privilèges était le droit de faire des docteurs, ayant pouvoir d'enseigner par toute la chrétienté. Il est donc au moins douteux que les grades et la collation des grades soient d'origine laïque.

Parmi les ordonnances des papes, il en est une qui nous touche particulièrement, et qui montre en même temps quelle était en ce point l'autorité de l'Eglise. C'est la fameuse décrétale *Super spe-*

<hr>

cula, etc., rendue par le pape Honorius III, en l'an 1200[1]. Pour faciliter à Paris l'étude de l'Écriture sainte et du Droit canonique, le pape y interdit sous peine d'excommunication l'enseignement du droit romain. C'est à Orléans qu'on allait étudier le droit civil.

Cette défense, qu'en l'an 1312 Philippe-le-Bel prenait au compte de ses prédécesseurs[2], fut renouvelée par l'ordonnance de Blois de 1579. On n'enseignait à Paris que le droit canon. Il n'y eut qu'une exception faite en faveur de Cujas, par arrêt du Parlement du 2 avril 1576[3]. Ce fut l'édit de Louis XIV du mois d'avril 1679 qui leva cette interdiction plusieurs fois séculaire.

Est-ce à dire que, dès ces premiers temps, les rois aient été étrangers à l'enseignement? Tout au contraire, ils ont rivalisé de zèle pour encourager les études. Ils se sont déclarés les protecteurs de l'Université de Paris, qu'ils ont appelée leur fille; ils se sont servis plus d'une fois de son autorité, notamment lors du grand schisme d'Occident. Mais tandis qu'aujourd'hui le pouvoir séculier ne souffre point de partage, l'Église et l'Etat étaient tellement mêlés qu'il leur fallait agir ensemble, sauf à se quereller quelquefois. C'était un mariage comme s'exprimait un vieux dicton[4]. Le roi lui-même était par son sacre un personnage moitié clerc et moitié laïc, c'était l'évêque du dehors, le protecteur de l'Eglise, le défenseur de la foi, c'est-à-dire de l'orthodoxie. A Reims ne jurait-il pas d'exterminer les hérétiques?

Pour comprendre cet ancien régime, il nous faut faire un certain effort, et rompre avec les notions qui règnent aujourd'hui. Nous ne savons plus ce que c'est que ces corporations qui avaient une vie à part dans l'Etat, mais l'ancienne France, hormis les campagnes, était presque tout entière divisée en corporations; nous ne pouvons comprendre l'intervention de la cour de Rome dans nos lois, mais le pape était le père commun des fidèles, et toute la nation était catholique; nous ne nous faisons aucune idée d'un

---

[1] Décret. Grégor., lib. V, t. XXXIII, chap. xxxviii.

[2] *Ord. des rois de France*, t. I, p. 562. « Ut autem liberius (Parisius), studium, prolicerct theologiæ, progenitores nostri non permiserunt legum seculorium, seu juris civilis studium ibidem institui, *quinimo id etiam interdici sub excommunicationis pæna per sedem apostolicam procurarunt.* »

[3] TERRASSON, *Hist. de la Jurisprudence romaine*, éd. de 1824, II° partie, p. 122.

[4]   Mariage est de bon devis
    De l'Eglise et des fleurs de lys ;
    Quand l'un de l'autre partira,
    Chacun d'eux s'en ressentira.

pouvoir monarchique borné par la coutume, mais l'Europe entière vivait sous l'empire des bonnes coutumes ; et, ni rois ni princes n'y devaient toucher. De ce régime il est resté des traces profondes en Angleterre. Oxford et Cambridge nous représentent ces Universités qui se gouvernent elles-mêmes, quoiqu'elles reconnaissent la suprématie de l'État; elles nous rappellent également cette union de l'Eglise et de la royauté qui donne à l'enseignement un caractère que nous ne comprenons plus. Tout cela, pour nous, n'est que l'histoire d'un temps qui ne peut revenir, je suis le premier à le reconnaître, mais alors que vient-on nous parler de notre ancien droit public français ?

Il est vrai que dès Philippe-le-Bel, les légistes combattirent avec ardeur la puissance séculière de l'Eglise, et que cette œuvre fut continuée avec une persévérance infatigable par leurs successeurs. On peut dire que l'État, ou la puissance civile, fut reconquis pièce à pièce, et l'enseignement public fut compris dans cette revendication. Nous voyons qu'au seizième siècle François Ier fonde le Collège royal pour avoir une université qui lui appartienne; sous Henri IV, la révolution est accomplie ; le roi a la haute main dans l'Université. C'est alors que paraît la théorie du pouvoir paternel; mais, remarquons deux choses. La première c'est que l'Etat ne connaît qu'une religion, le catholicisme, et qu'en fait, l'Eglise domine dans les écoles; la seconde c'est que la vie décline dans l'enseignement, et qu'au lieu de l'Université vivante et libre, où toute l'Europe accourait au treizième et au quatorzième siècle, nous n'avons plus que des Facultés languissantes. Richelieu est obligé d'avouer qu'il a besoin des Jésuites pour tenir l'Université en haleine. Le pouvoir absolu a fait le vide autour de lui.

Que conclure de tout ceci? C'est qu'il est étrange d'entendre des républicains invoquer aujourd'hui la tradition monarchique. Il y a là une équivoque qu'il importe de dissiper.

Certes, il est bon de respecter la mémoire de nos pères. La France a traversé les siècles, et, à chaque époque, elle a eu des hommes qui l'ont honorée par leurs talents et leurs vertus. Leur gloire nous appartient, elle jette sur notre vieux pays un reflet que la mauvaise fortune ne peut effacer. Duguesclin, Jeanne d'Arc, Henri IV, Turenne, Vauban sont à nous au même titre que Corneille et Molière. En ce sens, la République a droit de prendre à son compte l'héritage de la vieille monarchie, car la République, c'est aujourd'hui la France, sous un autre nom politique. Un peuple qui renie son passé est un peuple sans avenir.

Mais les lois et les institutions de la monarchie font-elles partie de cette tradition qu'il faut conserver avec une piété filiale ? Suffit-il pour recommander une institution qu'elle ait été en vigueur au temps de Richelieu ou de Louis XIV ? J'imaginais le contraire. Je croyais qu'on avait fait une révolution en 1789 pour rompre avec les lois de la monarchie, et pour substituer le règne de la liberté au règne de l'autorité ? Autrefois, le roi était tout, et le peuple rien ; aujourd'hui le peuple est tout et le gouvernement n'est plus qu'une délégation. Comment donc les lois, les institutions, les idées monarchiques seraient-elles à leur place dans un régime républicain ?

S'il en est autrement, si la révolution est une erreur, si tout ce que les amis de la liberté nous ont enseigné depuis quatre-vingts ans n'est qu'une chimère, confessons les péchés de nos pères, et rappelons la vieille royauté qui s'entendra mieux que nous à faire une restauration. Mais si par hasard on n'invoque la tradition monarchique que pour en écraser la liberté, restons fidèles à la tradition de 1789, et opposons-la à des prétentions qui ne sont plus de notre temps.

CHAPITRE III

LA LIBERTÉ D'ENSEIGNEMENT DURANT LA RÉVOLUTION
— L'ASSEMBLÉE CONSTITUANTE — TALLEYRAND — MIRABEAU

Ce serait une erreur de croire que durant la Révolution on ne se soit pas occupé de la liberté d'enseignement; on s'en est occupé, et beaucoup, et avec une parfaite entente du sujet.

Trois grandes questions ont été examinées de 1789 à 1796, et résolues à l'unanimité par les meilleurs esprits du temps :

1° La liberté d'enseigner est-elle un droit du citoyen?

2° Y aura-t-il une éducation nationale ?

3° Est-ce le pouvoir exécutif, j'entends par là le gouvernement central, qui sera chargé de la direction et de la surveillance de l'éducation nationale ?

Les deux premières questions ont été résolues par l'affirmative, la dernière par la négative, et cela par des raisons qui n'ont rien perdu de leur poids.

Pour l'Assemblée constituante, nous avons le *Rapport sur l'instruction publique fait, au nom du Comité de Constitution, par* M. Talleyrand-Périgord, *ancien évêque d'Autun, administrateur du département de Paris.* Ce rapport, publié en 1791, eut un grand succès; Daunou ne craint pas de le comparer au *Discours préliminaire de l'Encyclopédie.* On a dit que le véritable auteur était M. Desrenaudes, ancien grand vicaire de l'évêque d'Autun ; je ne sais sur quoi s'appuie cette version. Ce qui est plus certain c'est que l'œuvre est un bon résumé de l'opinion régnante, et qu'elle ressemble singulièrement au travail de Mirabeau dont nous parlerons plus loin.

Le rapporteur pose en principe que l'instruction doit exister pour tous, et il ajoute :

Ce principe se lie à un autre. Si chacun a le droit de recevoir les bienfaits de l'instruction, chacun a réciproquement le droit de concourir à les répandre, car c'est du concours et de la rivalité des efforts individuels que naîtra toujours le plus grand bien... Tout privilège est, par sa nature, odieux; un privilège en matière d'instruction, serait plus odieux et plus absurde encore [1].

En conséquence, le projet du décret contient l'article suivant :

Il sera libre à tout particulier, en se soumettant aux lois générales sur l'enseignement public, de former des établissements d'instruction ; ils seront tenus d'en instruire la municipalité, et de publier leurs règlements [2].

On remarquera que c'est à la municipalité et non au pouvoir

central qu'on s'adresse. C'est que, dans le système du comité,
l'administration de l'enseignement public est locale; il y a des
écoles primaires, des écoles de district qui répondent à nos collèges, des écoles du département qui répondent à nos Facultés;
mais c'est le département qui est l'autorité suprême. On ne remonte pas plus haut, il n'y a point de hiérarchie dans les écoles,
ni de ministère de l'instruction publique. Il est vrai qu'il y a six
commissaires de l'instruction publique nommés par le roi et assistés
d'autant d'inspecteurs ; mais leur seule fonction est de faire respecter la loi, et de recueillir des documents statistiques. Ils sont
dans la main de l'Assemblée; ils ne peuvent être destitués que
sur un jugement du Corps législatif, c'est à lui qu'ils adressent
leur rapport annuel, et le rapporteur nous explique que, s'il n'a
pas été plus loin, c'est qu'il était lié par un décret déjà rendu qui
avait placé l'instruction publique sous la surveillance active d'un
des départements du pouvoir exécutif[1]. Du reste, suivant l'usage
de l'Assemblée constituante, usage que je suis loin d'approuver,
on a pris tous les moyens de paralyser ce pouvoir dans la main
du roi. Il n'y a donc rien qui ressemble à la direction qu'on
réclame aujourd'hui pour l'État.

Mais comment établir une certaine unité dans l'éducation publique ? C'est ici l'idée la plus originale du rapport, car c'est de
cette idée qu'est sorti l'Institut.

Dans l'échelle administrative se trouve placée au sommet l'administration du département, et à ce degré d'administration doit correspondre le dernier degré de l'instruction, qui est l'instruction nécessaire
aux divers états de la société[2]...

Et de même qu'au delà de toutes les administrations se trouve placé
le premier organe de la nation, le Corps législatif, investi de toute la
force de la volonté nationale ; ainsi, tant pour le complément de l'instruction que pour le rapide avancement de la science, il existera dans
le chef-lieu de l'Empire, et comme au faîte de toutes les instructions,
une école plus particulièrement nationale, un *Institut* universel qui,
s'enrichissant des lumières de toutes les parties de la France, pré-
sentera sans cesse la réunion des moyens les plus heureusement com-
binés pour l'enseignement des connaissances humaines et leur accroissement indéfini. Cet Institut... nous a paru correspondre, sous plus

[1] Projet de décrets, p. 19.
[2] Talleyrand explique qu'il entend par là la théologie, le droit, la médecine et l'art
militaire. Rapport, p. 16.

d'un rapport, dans la hiérarchie instructive, au Corps législatif lui-
même ; non qu'il puisse jamais s'arroger le droit d'imposer des lois ou
d'en surveiller l'exécution, mais parce que, se trouvant naturellement
le centre d'une correspondance toujours renouvelée avec les départe-
tements, il est destiné, par la force des choses, à exercer une sorte
d'empire, celui que donne une confiance toujours libre et toujours
méritée [1]...

L'Institut, dans ce système, était donc destiné, d'une part, à
remplacer les anciennes académies, et de l'autre à hériter des
chaires établies au jardin du roi, au collège royal, au collège des
Quatre-Nations, etc. Il était le centre et le modèle de l'enseignement national.

Cette organisation est si loin de la nôtre qu'on a quelque peine
à en comprendre le jeu et la portée. Ce qu'on voulait était le contraire de ce qu'on recherche aujourd'hui ; on repoussait avec
jalousie l'intervention de l'État. Pour les hommes de la Constituante, l'instruction publique était un *pouvoir* [2] embrassant un
ordre de fonctions distinctes, un des principaux éléments de la
prospérité publique ; mais on n'entendait pas que l'autorité centrale s'en emparât et le détournât à son profit.

Le *travail* [3] de Mirabeau est tellement semblable à celui de
Talleyrand, qu'il faut admettre que l'un des deux auteurs a servi
de modèle à l'autre, à moins qu'ils n'aient suivi tous deux un original resté inconnu. Je croirais volontiers que Mirabeau est le
premier en date. On retrouve dans ces projets de discours les
idées de ce génie puissant qui, seul en 1789, avait un plan de
gouvernement constitutionnel nettement arrêté.

Comme dans le projet de comité, Mirabeau établit en principe
que l'établissement de toute école particulière pour les enfants de
l'un et de l'autre sexe sera parfaitement libre [4]. Il incline même
à employer les sœurs de charité dans les campagnes pour tenir
les écoles de jeunes filles. Plus hardi que Talleyrand, il se demande s'il ne serait pas sage et conforme aux principes, de s'en

---

[1] *Rapport*, p. 17.
[2] *Rapport*, p. 1.
[3] *Travail sur l'éducation publique*, trouvé dans les papiers de Mirabeau l'aîné,
publié par P.-J.-G. CABANIS, docteur en médecine, etc., à Paris, de l'Imprimerie
nationale, 1791. C'est un recueil de projets de discours qui n'ont jamais été prononcés.
[4] *Travail*, etc., p. 65.

remettre à l'industrie des maîtres pour tout ce qui concerne l'instruction publique.

Les principes rigoureux sembleraient exiger que l'Assemblée nationale ne s'occupât de l'éducation que pour l'enlever à des pouvoirs ou à des corps qui peuvent en dépraver l'influence. Il semble que, pour lui donner plus d'énergie, ce serait assez de la livrer à elle-même [1]...

Tout homme a le droit d'enseigner ce qu'il sait, et même ce qu'il ne sait pas. La Société ne peut garantir les particuliers des fourberies de l'ignorance que par des moyens généraux qui ne lèsent pas la liberté. Enseigner est un genre de commerce; le vendeur s'efforce de faire valoir sa marchandise; l'acheteur la juge et tâche de l'obtenir au plus bas prix; le pouvoir public, spectateur et garant du marché, ne saurait y prendre part, soit pour l'empêcher, soit pour le faire conclure; il protège tout acte qui ne viole le droit de personne; il n'est là que pour les laisser tous agir librement, et pour les maintenir en paix [2]...

Tout en posant ces principes, Mirabeau reconnaît que l'ignorance des peuples est si grande, et les circonstances si graves, qu'il est nécessaire d'avoir une éducation nationale. Mais, comme Talleyrand, il repousse toute direction de l'autorité centrale sur l'enseignement public.

La première et peut-être la plus importante de toutes (les réformes), est de ne soumettre les collèges et les académies qu'aux magistrats qui représentent véritablement le peuple, c'est-à-dire qui sont élus et fréquemment renouvelés par lui. Aucun pouvoir permanent ne doit avoir à sa disposition des armes aussi redoutables. C'est la plume qui conduit l'épée et qui donne ou enlève les sceptres; ce sont les instituteurs de la jeunesse, les philosophes et les écrivains de tous les genres qui font marcher les nations à la liberté, ou qui les précipite t dans l'esclavage. Il faut donc qu'ils soient toujours aux ordres de l'intérêt public. En conséquence, les académies et les collèges doivent être mis entre les mains des départements [3], et je crois utile de les reconstituer sous des formes nouvelles, ne fût-ce que pour les avertir qu'ils n'appartiennent plus au même régime [4].

---

[1] *Travail*, etc., p. 12.

[2] *Travail*, etc., p. 17.

[3] *Travail*, etc., p. 48. « A l'avenir, tous les collèges et écoles publiques seront soumis aux départements, et ces corps administratifs en surveilleront *l'enseignement et la police.* »

[4] *Travail*, etc., p. 14. Mirabeau n'exclut pas les congrégations, mais à une condition : c'est qu'on se mette en garde contre l'esprit de corps. « Lorsque des congré-

Je crois inutile de parler de l'*Académie nationale* qui répond à l'Institut de Talleyrand; je laisse de côté les considérations sur l'éducation des femmes, les théâtres, les fêtes nationales, etc.; tout ceci est plus intéressant pour l'histoire des idées, durant la révolution, que pour le sujet qui nous occupe, mais je ne finirai pas ce chapitre sans dire quelques mots d'une opinion de M. Cousin, que M. Spuller a consignée dans son rapport.

J'ai beau parcourir (disait M. Cousin, dans un discours prononcé à la Chambre des pairs le 21 avril 1844) toutes les *Déclarations des droits de l'homme et du citoyen*, qui certes n'ont pas manqué depuis plus d'un demi-siècle, je ne rencontre dans aucune celui d'enseigner. C'est que ce prétendu droit est une chimère. Qu'est-ce en effet qu'un droit naturel ? Celui dont ne peut être dépouillé l'homme naturel, et cet homme développé et achevé qu'on appelle un citoyen, sans cesser d'être un citoyen et un homme.

Je ne sais ce que M. Cousin entend par *l'homme naturel.* Quant au citoyen, le droit d'enseigner me paraît contenu dans la liberté religieuse et la liberté d'opinion. Ainsi en ont jugé le comité de constitution en 1791, Mirabeau, Condorcet et Daunou. Si M. Cousin avait lu les nombreuses déclarations de droits des Américains, déclarations qui ont servi de modèle aux nôtres, il aurait trouvé le même silence sur la liberté d'enseignement, et en même temps il lui eût été facile de se convaincre que jamais, aux Etats-Unis, on n'a douté que cette liberté ne fût un droit du citoyen. Refuser aux membres d'une Eglise le droit d'avoir des écoles de leur goût est une nouveauté dans l'histoire des peuples chrétiens. En tous temps l'éducation a été regardée comme une dépendance de la religion.

Il est vrai que les idées religieuses avaient peu d'influence sur les hommes de 1789, mais la liberté de conscience et la liberté d'opinion étaient des conquêtes assez récentes pour qu'on ne leur marchandât point leur domaine. C'est par là qu'on en arrivait à reconnaître la liberté d'enseignement comme un droit tellement propre au citoyen, qu'on se contentait de l'énoncer. Personne alors ne songeait à le contester.

gations religieuses, conservées par la Constitution, se trouveront chargées des collèges, le pouvoir public considérera leurs membres comme de simples individus, et l'autorité de leurs chefs sera nulle dans tous les objets relatifs à l'éducation. » *Ibid.,* p. 50.

CHAPITRE IV

L'ENSEIGNEMENT PUBLIC DE 1791 À 1795 : CONDORCET — ROBESPIERRE — DAUNOU

L'Assemblée constituante se sépara avant d'avoir discuté le projet de son comité de constitution. La question fut reprise à l'Assemblée législative ; le rapporteur fut Condorcet. Condorcet, l'ami et le biographe de Turgot, est une des figures les plus originales de la Révolution. Esprit curieux et hardi, il a remué plus de problèmes politiques qu'aucun homme de son temps. On le prendrait souvent pour un contemporain. Quand, par exemple, on lit dans son rapport les idées qu'il expose sur la nécessité d'une éducation primaire universelle, sur les écoles secondaires ou professionnelles, sur les bourses données aux *élèves de la patrie* afin de permettre à tout citoyen, quelque modeste que soit son origine, de s'élever aussi haut que le portera son travail et son génie, il faut bien reconnaître que c'est à lui et à Mirabeau qu'on doit les principes démocratiques qui règnent aujourd'hui.

Quoiqu'il ne cite pas ses illustres devanciers, il est évident que Condorcet les a lus ; ce sont les mêmes idées plus fortement accentuées. Il a une crainte égale de la domination de l'Eglise et de celle de l'Etat. Il veut un enseignement donné dans des établissements publics, mais sans ingérence du gouvernement, et sans préjudice du droit reconnu à tout citoyen de *fonder librement des établissements d'instruction* [1].

Que pourrait-on dire aujourd'hui de plus net et de plus fort sur la liberté d'enseignement que les pages suivantes ?

L'indépendance de l'instruction fait en quelque sorte partie des droits de l'espèce humaine. Puisque l'homme a reçu de la nature une perfectibilité, dont les bornes inconnues s'étendent, si même elles exis-

[1] Rapport de Condorcet, p. 66.

tent, bien au delà de ce que nous pouvons concevoir encore, puisque la connaissance de vérités nouvelles est pour lui le moyen de développer cette heureuse faculté, source de son bonheur et de sa gloire, quelle puissance aurait le droit de lui dire : Voilà ce qu'il faut que vous sachiez, voilà le terme où vous devez vous arrêter ? Puisque la vérité seule est utile, puisque toute erreur est un mal, de quel droit un pouvoir, quel qu'il fût, oserait-il déterminer où est la vérité, où se trouve l'erreur ?

D'ailleurs, un pouvoir qui interdirait d'enseigner une opinion contraire à celle qui a servi de fondement aux lois établies, attaquerait directement la liberté de penser, contredirait le but de toute institution sociale, le perfectionnement des lois, suite nécessaire du combat des opinions et du progrès des lumières...

S'il fallait prouver par des exemples le danger de soumettre l'enseignement à l'autorité, nous citerions l'exemple de ces peuples, nos premiers maîtres dans toutes les sciences, de ces Indiens, de ces Egyptiens, dont les antiques connaissances nous étonnent encore, chez qui l'esprit humain fit tant de progrès, dans des temps dont nous ne pouvons même fixer l'époque, et qui retombèrent dans l'abrutissement de la plus honteuse ignorance, au moment où la puissance religieuse s'empara du droit d'instruire les hommes. Nous citerions la Chine, qui nous a prévenus dans les sciences et dans les arts, et chez qui le gouvernement en a subitement arrêté tous les progrès depuis des milliers d'années, en faisant de l'instruction publique une partie de ses fonctions...

Craignons d'après ces exemples tout ce qui peut entraver la marche libre de l'esprit humain. A quelque point qu'il soit parvenu, si un pouvoir quelconque en suspend le progrès, rien ne peut garantir même du retour des plus grossières erreurs ; il (l'esprit humain) ne peut s'arrêter sans retourner en arrière, et du moment où on lui marque des objets qu'il ne pourra examiner ni juger, ce premier terme mis à sa liberté doit faire craindre que bientôt il n'en reste plus à sa servitude.

D'ailleurs, la Constitution française elle-même nous fait de cette indépendance un devoir rigoureux. Elle a reconnu que la nation a le droit inaliénable et imprescriptible de réformer toutes ses lois ; elle a donc voulu que, dans l'instruction nationale, tout fût soumis à un examen rigoureux [1]... Elle a donc voulu que toutes les théories politiques pussent être enseignées et combattues, qu'aucun système d'organisation sociale ne fût offert à l'enthousiasme ni aux préjugés ; mais que

---

[1] « Aucun pouvoir public ne doit avoir l'autorité, ni même le crédit, d'empêcher le développement des vérités nouvelles, l'enseignement des théories contraires à sa politique particulière ou à ses intérêts momentanés. » Rapport. p. 5.

tous fussent présentés à la raison, comme des combinaisons diverses entre lesquelles elle a droit de choisir. Aurait-on réellement respecté cette indépendance inaliénable du peuple, si on s'était permis de fortifier quelques opinions particulières de tout le poids que peut leur donner un enseignement général, et le pouvoir qui se serait arrogé le droit de choisir ces opinions, n'aurait-il pas véritablement usurpé une portion de la souveraineté nationale [1] ?

Comment Condorcet a-t-il résolu ce difficile problème d'une éducation nationale indépendante de l'Etat ? Il établit des écoles primaires et des écoles secondaires (ce sont nos écoles professionnelles), des instituts (ce sont nos collèges), des lycées (ce sont nos Facultés). Au-dessus, couronnant le tout, une société nationale (c'est notre Institut) appartenant à tout l'empire, dirigera l'enseignement, s'occupera des progrès des sciences et des arts et, en général, du perfectionnement de la raison humaine. Elle formera le dernier degré d'instruction.

Il serait sans intérêt d'expliquer comment la société nationale inspectera les lycées, comment les lycées inspecteront les instituts, qui à leur tour surveilleront les écoles. Condorcet a voulu éviter que l'inspection n'exigeât un établissement particulier *où l'on aurait pu craindre l'esprit de domination*; il ne veut pas qu'on ait à craindre de voir *les corps instruisants élever dans l'État un nouveau pouvoir* [2]. S'il y a des questions générales à résoudre, ce ne sera pas l'autorité exécutive qui les décidera, ce sera une loi rendue par l'Assemblée des Représentants du peuple « parce que de tous les pouvoirs (le Corps législatif) est le moins corruptible, le plus éloigné d'être entraîné par des intérêts particuliers, le plus soumis à l'influence générale des hommes éclairés, et surtout parce qu'étant celui de qui émanent essentiellement tous les changements, il est dès lors le moins ennemi du progrès des lumières, le moins opposé aux améliorations que ce progrès doit amener [3]. »

Qu'il y ait plus d'une illusion dans les projets de Condorcet, je ne le nierai point, mais quant à l'idée de ne pas laisser à l'État, à

---

[1] *Rapport et projet de décret sur l'organisation générale de l'instruction publique*, présentés à l'Assemblée nationale, au nom du comité de l'instruction publique, par Condorcet, les 20 et 21 avril 1792, réimprimés (en 1793), par ordre de la Convention nationale, pages 7...

[2] Rapport, p. 12.

[3] Rapport, p. 4.

la puissance publique, le droit de façonner à son gré l'esprit et l'âme des jeunes générations, je tiens cette doctrine pour juste, vraiment libérale et vraiment démocratique. On peut discuter les moyens, mais non pas la pensée maîtresse exposée par Condorcet.

Ces idées sur l'organisation de l'instruction publique furent éclipsées par la domination de Robespierre. Danton avait déclaré que les enfants n'appartenaient pas à la famille, mais à la patrie, c'est-à-dire à l'État ; Lepelletier Saint-Fargeau, Saint-Just et Robespierre donnèrent un corps à cette idée, en empruntant les rêveries platoniciennes et communistes de Mably, mais tout se borna à des phrases et il n'en resta rien. Je ne voudrais pas insister sur cette éruption d'idées jacobines, encore bien qu'elles ne soient que l'exagération et la caricature du principe de l'enseignement par l'État. M. Ferry ne s'est point appuyé de Robespierre, et il se plaindrait de ce rapprochement. C'est là cependant que va ce beau système ; toute la différence est entre le Gouvernement que nous avons et la tyrannie de la Convention ; mais qui peut répondre du gouvernement de demain ? Vienne un empire, vienne une monarchie qui appuie le trône sur l'autel, vienne une Convention, ce sera avec les lois de la République qu'on confisquera l'esprit des jeunes générations. Quand vous mettez la tyrannie dans les lois, elle finit toujours par en sortir, et choisit souvent pour premières victimes ceux qui l'ont installée.

Après le 9 thermidor, la Convention, rendue à elle-même, reprit les idées d'organisation de l'instruction publique. Ce fut Daunou qui fut chargé de présenter le rapport au nom de la commission des onze et du Comité de Salut public. C'était le développement du titre X de l'acte constitutionnel, dont l'instruction publique était l'objet.

Daunou s'inspira du projet de Talleyrand « monument de littérature nationale qu'un même siècle est fier d'offrir à la postérité à côté du discours préliminaire de l'Encyclopédie » et du plan de Condorcet, « de l'illustre et malheureux Condorcet, de ce savant républicain qui, proscrit, fugitif et presque dans les bras de la mort, s'occupait encore du bonheur à venir de son pays, et, victime de l'ingratitude des hommes, développait l'honorable système de la perfectibilité humaine [1] », et il ajoutait : « Nous avons laissé

[1] Rapport de Daunou, p. 6.

de côté Robespierre, qui nous a aussi entretenus d'instruction publique, et qui, jusque dans ce travail, a trouvé le secret d'imprimer le sceau de sa tyrannie stupide, par la disposition barbare qui arrachait l'enfant des bras de son père, qui faisait une dure servitude du bienfait de l'éducation, et qui menaçait de la prison, de la mort, les parents qui auraient pu et voulu remplir eux-mêmes le plus doux devoir de la nature, la plus sainte fonction de la paternité [1]. »

Pour nous, ajoutait Daunou, nous avons cru devoir rechercher d'abord quelles étaient les limites naturelles de la loi dont nous avions à vous présenter le projet, et nous avons aperçu ces limites dans les droits individuels que la Constitution vous ordonnait de respecter. Nous nous sommes dit : *Liberté de l'éducation domestique, liberté des établissements particuliers d'instruction.* Nous avons ajouté : *Liberté des méthodes instructives* ; car, dans l'art de cultiver les facultés de l'homme, il existe un nombre presque infini de détails secrets qui sont tout à fait inaccessibles à la loi..., parce qu'il n'est pas bon que la loi prescrive ce dont l'exécution ne pourrait pas être surveillée ; mais surtout parce qu'il ne faut point consacrer et déterminer par des décrets, des procédés, qui, entre les mains de fonctionnaires habiles, peuvent s'améliorer par l'expérience de chaque jour [2].

La loi du 3 brumaire an IV institua des écoles primaires, des écoles centrales, des écoles spéciales, et au-dessus un *Institut national* de cent quarante-quatre membres, « idée grande et majestueuse, dont l'exécution doit effacer en splendeur toutes les académies des rois, comme les destinées de la France républicaine effacent déjà les plus brillantes époques de la France monarchique [3]. » Joignez à cela des bourses de voyage et des fêtes nationales, vous reconnaîtrez combien la Convention, *en reprenant le pouvoir et la liberté* [4], reprenait fidèlement les idées exposées par Talleyrand et Condorcet. Il y avait là une tradition républicaine, consacrée par la Constitution de l'an III, qui répondait par avance aux scrupules de M. Cousin.

---

[1] Rapport, p. 7.

[2] Rapport de Daunou, p. 8.

[3] Rapport de Daunou, p. 9. Mais il n'y a aucune hiérarchie entre les écoles. La Constitution l'interdit expressément. *Constitution* de l'an III, art. 299. « Les divers établissements d'instruction publique n'ont entre eux aucun rapport de subordination, ni de correspondance administrative. »

[4] Paroles de Daunou. Rapport, p. 1.

Art. 300. Les citoyens ont le droit de former des établissements particuliers d'éducation et d'instruction, ainsi que des Sociétés libres pour concourir aux progrès des sciences, des lettres et des arts.

Que résulte-t-il de ce long exposé? C'est que les trois grandes Assemblées de la Révolution ont reconnu la liberté d'enseignement comme un droit du citoyen, et n'ont même pas voulu accorder au gouvernement central un droit d'inspection. Où donc était alors cette direction universelle qu'on revendique comme le patrimoine imprescriptible de l'Etat?

Dans la discussion de la Chambre, un orateur s'est écrié : « Nous sommes les fils de la Révolution. » Soit, dirai-je, mais qu'avez-vous fait de l'héritage de vos pères ? C'est aux cléricaux, comme vous les appelez, que vous abandonnez le terrain de la liberté, pour aller camper sur le terrain de la centralisation et du monopole. Franchement, pour nous autres vieux libéraux, la conversion est trop brusque ; nous ne déserterons pas le poste où nos anciens nous ont placés. C'est là que nous vous attendons. Quoi que vous fassiez, la force des choses vous y ramènera.

CHAPITRE V

NAPOLÉON ET L'UNIVERSITÉ — LA RESTAURATION

Venons maintenant à la fondation de l'Université de France par Bonaparte. C'est là seulement que M. le Ministre de l'Instruction publique peut faire remonter la tradition qu'il invoque. Encore serait-il aisé de démontrer que le premier consul avait une excuse qu'on ne peut invoquer aujourd'hui.

La Révolution avait fermé tous les établissements publics, aboli l'antique Université de Paris, supprimé les académies, chassé les prêtres ; aussi l'instruction était-elle dans un état pitoyable. La liberté d'enseignement était de date trop récente pour avoir réparé les maux de l'anarchie.

Voici ce que disait Portalis, orateur du Gouvernement, dans la séance du Corps législatif, le 15 germinal an X (1802) :

Ecoutons les vœux de tous les citoyens honnêtes qui, dans les assemblées départementales, ont exprimé leur vœu sur ce qui se passe depuis dix ans sous leurs yeux.

Il est temps, disent-ils [1] que les théories se taisent devant les faits. Point d'instruction sans éducation, et point d'éducation sans morale et sans religion.

Les professeurs ont enseigné dans le désert, parce qu'on a proclamé imprudemment qu'il ne fallait jamais parler de religion dans les écoles.

L'instruction est nulle depuis dix ans, il faut prendre la religion pour base de l'éducation.

Les enfants sont livrés à l'oisiveté la plus dangereuse, au vagabondage le plus alarmant.

Ils sont sans idée de la divinité, sans notion du juste et de l'injuste. De là des mœurs farouches et barbares ; de là un peuple féroce.

Si l'on compare ce qu'est l'instruction avec ce qu'elle devrait être, on ne peut s'empêcher de gémir sur le sort qui menace les générations présentes et futures.

Aussi toute la France appelle la religion au secours de la morale et de la société.

C'est dans cette situation que le premier consul reprit l'enseignement au compte de l'État, comme il reprenait tant d'autres institutions de l'ancienne royauté. La France, ruinée par l'anarchie, voulait un gouvernement fort, Napoléon ne trouva rien de mieux que de restaurer l'ancienne centralisation, mais débarrassée de tous les priviléges particuliers qui la limitaient et par cela même la rendaient moins dure et moins pesante. Le despotisme remplaça la monarchie.

C'est ainsi que l'Université, qui ne fut complétement organisée qu'en 1808, remplaça les écoles centrales éparses sur le territoire. Il n'y eut plus qu'une seule corporation chargée de l'enseignement, corporation fermée, dont les membres, à l'origine, devaient être astreints au célibat, espèce d'Église académique, chargée d'enseigner l'obéissance aux générations nouvelles.

[1] *Analyse des procès-verbaux des Conseils généraux des départements.*

Mais à cette corporation laïque, Napoléon donnait des garanties qui font défaut à l'Université d'aujourd'hui. Elle avait son budget à part ; elle était gouvernée par un grand maître, assisté d'un petit nombre de conseillers nommés à vie, tous étrangers aux bruits du dehors, et n'ayant de responsabilité qu'envers le chef de l'Etat. Esprit de suite, surveillance constante de quelques hommes compétents, sécurité donnée aux parents auxquels on promettait que l'Université élèverait leurs enfants suivant les principes de la religion : qu'est-ce que tout cela est devenu sous le gouvernement parlementaire et le règne des majorités ?

En somme, l'organisation de l'Université, comme corps enseignant, était fortement conçue ; mais le monopole était-il nécessaire ? Il est permis d'en douter. On voit bien ce que la liberté y perdit ; on ne voit pas ce que les études y gagnèrent.

A la rentrée des Bourbons, dans la première ferveur du retour au passé, une ordonnance datée du 17 février 1815 essaya de changer le système de l'instruction publique. On créait dix-sept Universités en souvenir des anciennes Universités provinciales ; c'était de la décentralisation plutôt qu'un retour à la liberté.

L'ordonnance fut rédigée par M. Royer-Collard, et précédée d'un préambule qui mettait dans la bouche du roi les motifs des changements annoncés [1].

Nous étant fait rendre compte de l'état de l'Instruction publique dans notre royaume, nous avons reconnu qu'elle reposait sur des institutions *destinées à servir les vues politiques du gouvernement* dont elles furent l'ouvrage, plutôt qu'à répandre sur nos sujets les bienfaits d'une éducation morale et conforme aux besoins du siècle... Nous avons senti la nécessité de corriger ces institutions, et de rappeler l'éducation nationale à son véritable objet qui est de propager les bonnes doctrines et de former des hommes qui, par leurs lumières et leurs vertus, puissent rendre à la société les utiles leçons et les sages exemples qu'ils auront reçus de leurs maîtres.

Il nous a paru que le régime d'une autorité unique et absolue était incompatible avec les intentions libérales de notre gouvernement..., que le droit de nommer à toutes les places, concentré dans les mains d'un seul homme, en laissant trop de chances à l'erreur et trop d'influence à la faveur, affaiblissait le ressort de l'émulation, et réduisait les maîtres à une dépendance mal assortie à l'honneur de leur état et

[1] De Barante, *Vie politique de M. Royer-Collard*, t. I, p. 161.

à l'importance de leurs fonctions ; que cette dépendance et les déplacements trop fréquents qui en sont la suite inévitable, rendaient l'état des maîtres incertain et précaire... ne permettaient pas qu'il s'établit entre eux et les parents de leurs élèves cette confiance qui est le fruit des longs services et des anciennes habitudes, et les privaient ainsi de la plus douce récompense qu'ils puissent obtenir, le respect et l'affection des contrées auxquelles ils ont consacré leur talent et leur vie.

L'ordonnance du 17 février n'avait encore reçu aucun commencement d'exécution, quand l'Empereur, débarquant à Cannes, livra la France à de nouvelles aventures.

Au retour des Bourbons on avait changé d'idées, Royer-Collard comme les autres. L'Université impériale était conservée, le seul changement qu'on y fit, fut de transporter les attributions du grand maître à une Commission de l'Instruction publique, placée sous les ordres du Ministre de l'Intérieur. Cette commission, présidée par M. Royer-Collard, était en outre composée de MM. Cuvier, Sylvestre de Sacy, l'abbé de Frayssinous et Guéneau de Mussy. En fait, le président devint à peu près grand maître de l'Université ; ce fut lui qui, aux yeux du public et des Chambres, eut la responsabilité du gouvernement de l'Instruction publique [1].

On croit facilement aux Dieux dont on est le grand prêtre ; M. Royer-Collard devenu le chef de l'Université, en défendit jusqu'aux abus. A propos du budget de 1817, qui maintenait contre toute justice, la rétribution universitaire imposée en faveur de l'Université sur les établissements particuliers d'éducation et sur les élèves qui fréquentaient les écoles publiques, M. Royer-Collard prononça un discours resté célèbre, des paroles souvent citées. Après avoir dit que l'Université n'était autre chose que le *gouvernement appliqué à la direction universelle de l'Instruction publique*, il ajoutait :

L'Université a été élevée sur cette base fondamentale que l'instruction et l'éducation publiques appartiennent à l'Etat, et sont sous la direction supérieure du Roi. Il faut renverser cette maxime ou en respecter les conséquences ; et, pour la renverser, il faut l'attaquer de front ; il faut prouver que l'instruction publique, et avec elle les doctrines religieuses, philosophiques et politiques qui en sont l'âme, sont hors des intérêts généraux de la société ; qu'elles entrent naturellement

---

[1] De Barante, *Vie de Royer-Collard*, t. I, p. 158.

dans le commerce comme les besoins privés ; qu'elles appartiennent à l'industrie comme la fabrication des étoffes ; ou bien peut-être qu'elles forment l'apanage indépendant de quelque puissance particulière qui aurait le privilège de donner des lois à la puissance publique.

... L'Université a donc le monopole de l'éducation, à peu près comme les tribunaux ont le monopole de la justice ou l'armée celui de la force publique [1].

Voilà ce que le rapporteur de la Chambre appelle de *graves et fortes maximes*. « C'est M. Royer-Collard qui a dit de l'Université de France ce que l'on a jamais dit de plus élevé au point de vue social et politique. Il faut rapporter ces belles paroles, que l'on a trouvé plus facile d'oublier qu'il ne l'était de les réfuter [2]. »

Je reconnais que personne en France n'a parlé dans nos Assemblées avec plus de solennité que M. Royer-Collard ; il a un style lapidaire, ses maximes se gravent fortement dans l'esprit ; mais, en cette circonstance, je ne vois qu'une suite d'affirmations sans preuves, et d'erreurs qu'aujourd'hui on ne discute plus. Tout son raisonnement repose sur la confusion des intérêts communs et des intérêts généraux, confusion qu'un instant de réflexion suffit à dissiper.

Pourquoi l'Etat est-il chargé de la justice, de l'armée, des finances, de la police générale? C'est qu'il y a là un intérêt commun pour tous les membres du corps social. Il n'est aucun citoyen qui n'ait besoin d'être protégé par la justice, ou défendu par l'armée; il n'en est aucun qui n'ait besoin de sécurité pour sa personne et pour ses biens. L'Etat n'est rien s'il n'est pas la justice et l'armée. Mais en est-il de même de ce qu'on appelle vaguement les intérêts généraux de la société, intérêts que chacun étend ou restreint à son gré. M. Royer-Collard met l'instruction publique au nombre de ces intérêts généraux; d'accord, mais l'agriculture, le commerce, l'industrie, ne sont-ils pas aussi des intérêts généraux? Protéger l'agriculture n'est-ce pas un intérêt tout aussi général que favoriser ou proscrire le vers latin? En conclurez-vous qu'il faut remettre entre les mains de l'Etat la direction universelle de l'agriculture? Ce serait du socialisme le plus pur. Il y a longtemps que le bon sens a tranché la question, en décidant que, dans les questions d'intérêt général, il fallait, avant tout, respecter la

---

[1] De Barante, *Vie de Royer-Collard*, t. I, p. 320.
[2] Rapport de M. Spuller, p. 18.

liberté, et que, s'il pouvait être bon en certains cas de donner à l'Etat un droit de concurrence, rien n'autorisait la concession d'un monopole, car ce serait la destruction même de nos sociétés qui ne vivent que de la libre action des citoyens.

Et quant au mépris superbe de Royer-Collard pour ceux qui ne craindraient pas de mettre l'enseignement dans le commerce, *comme la fabrication des étoffes*, il me semble qu'aujourd'hui ce langage suranné fait sourire. Que faisait donc l'Université royale quand elle prenait des élèves dans ses collèges, sinon un commerce dont elle se réservait le monopole?

Du reste, quand on lit le discours entier de M. Royer-Collard, on voit qu'après ces grandes maximes il baissait singulièrement de ton ; il annonçait que le roi préparait une loi sur l'instruction publique, loi dont la nécessité était reconnue aussi bien que l'urgence ; il célébrait ces écoles qui ont recueilli et qui se glorifient de présenter à l'Etat et aux familles six à sept cents ecclésiastiques, précieux débris de l'ancien clergé, des anciennes universités et des congrégations enseignantes [1]. »

C'est ce qu'il ne faudrait pas oublier, quand on cite M. Royer-Collard ; il voulait bien le monopole de l'Université, mais de l'Université catholique, monarchique et doctrinaire. Chacun ne veut qu'un despotisme à son usage ; quand on ne l'a plus, on réclame à grands cris la liberté. C'est en effet la garantie des minorités ; mais dans un pays aussi changeant que le nôtre, c'est en même temps le droit et l'intérêt de tous.

La loi nécessaire et urgente dont parlait M. Royer-Collard, ne fut pas même proposée durant la Restauration. Les royalistes voulaient donner au clergé une place prépondérante dans l'enseignement, les libéraux, tout occupés à combattre cet ennemi insaisissable qu'on appelait la congrégation, s'en tinrent à des déclarations platoniques. D'ailleurs, l'Université leur plaisait à plus d'un titre ; c'était une création de l'empereur, et, dans les idées du temps, idées qu'explique l'union politique des bonapartistes et des libéraux, Napoléon, vaincu par l'étranger, était le représentant de la Révolution et de la liberté. En outre, l'Université était laïque, et par conséquent, une digue contre la prépondérance du clergé ; attaquer les jésuites et défendre le monopole de l'Université, ce fut pour beaucoup de gens la quintessence d'un

---

[1] De Barante. *Vie de Royer-Collard*, p. 321 et 322.

libéralisme trop facile à pratiquer. Il ne leur vint pas à l'esprit que le libéralisme n'est qu'une dérision s'il n'est le respect de la liberté.

Il n'y eut dans l'opposition qu'un seul homme qui défendit avec énergie la liberté d'enseignement. C'était, il est vrai, un protestant qui réclamait en faveur de ses coreligionnaires, c'était en outre un républicain de l'an III, qui n'avait pas renoncé aux principes constitutionnels. J'ai nommé Benjamin Constant. Lui-même a résumé ses opinions dans son *Commentaire sur Filangieri ;* ce sont des pages qui n'ont rien perdu de leur à-propos [1].

Filangieri, dit-il, veut confier à l'autorité la direction presque exclusive de l'éducation. C'est une erreur qu'il est important de réfuter.

L'éducation peut être considérée sous deux points de vue.

On peut la regarder en premier lieu comme un moyen de transmettre à la génération naissante les connaissances de tout genre acquises par les générations antérieures. Sous ce rapport elle est de la compétence du gouvernement. La conservation et l'accroissement de toute connaissance est un bien positif, le gouvernement doit nous en garantir la jouissance.

Mais on peut voir aussi dans l'éducation le moyen de s'emparer de l'éducation des hommes pour les façonner à l'adoption d'une certaine quantité d'idées, soit religieuses, soit morales, soit philosophiques, soit politiques. C'est surtout comme menant à ce but que les écrivains de tous les siècles lui prodiguent leurs éloges.

. . . .

Le système qui met l'éducation sous la main du gouvernement repose sur deux ou trois pétitions de principe.

On suppose d'abord que le gouvernement sera tel qu'on le désire. On voit toujours en lui un allié, sans réfléchir qu'il peut devenir un ennemi. L'on ne sent pas que les sacrifices qu'on impose aux individus peuvent ne pas tourner au profit de l'institution que l'on croit parfaite, mais au profit d'une institution quelconque.

Cette considération est d'un poids égal pour les partisans de toutes les opinions. Vous regardez comme le bon système le gouvernement absolu, l'ordre qu'il maintient, la paix que, selon vous, il procure ; mais si l'autorité s'arroge le droit de s'emparer de l'éducation, elle ne se l'arrogera pas seulement dans le calme du despotisme, mais au milieu de la violence et des fureurs des factions. Alors le résultat sera tout différent de ce que vous espérez. L'éducation, soumise à l'autorité, n'inspirera plus aux générations naissantes ces habitudes paisibles,

[1] *Commentaire sur Filangieri*, IV° partie, ch. 1.

ces principes d'obéissance, ce respect pour la religion, cette soumission aux puissances visibles et invisibles que vous considérez comme la base du bonheur et du repos social. Les factions feront servir l'éducation devenue leur instrument, à répandre dans l'âme de la jeunesse des opinions exagérées, des maximes farouches, le mépris des idées religieuses qui leur paraîtront des doctrines ennemies, l'amour du sang, la haine de la pitié.

Dans toutes les hypothèses, ce que l'on désire que le gouvernement fasse en bien, le gouvernement peut le faire en mal. Ainsi, les espérances peuvent être déçues, et l'autorité qu'on étend à l'infini, d'après des suppositions gratuites, peut marcher en sens inverse du but pour lequel on l'a créée. . . . .

En dirigeant l'éducation, le gouvernement s'arroge le droit et s'impose la tâche de maintenir un corps de doctrine. Ce mot seul indique les moyens dont il est obligé de se servir. En admettant qu'il choisisse d'abord les plus doux, il est certain du moins qu'il ne permettra d'enseigner dans ses écoles que les opinions qu'il préfère. Il y aura donc rivalité entre l'éducation publique et l'éducation particulière. L'éducation publique sera salariée ; il y aura donc des opinions investies d'un privilège. Mais si ce privilège ne suffit pas pour faire dominer les opinions favorisées, croyez-vous que l'autorité, jalouse de sa nature, ne recoure pas à d'autres moyens. Ne voyez-vous pas, pour dernier résultat, la persécution plus ou moins déguisée, mais compagne constante de toute action superflue de l'autorité?

Les gouvernements qui paraissent ne gêner en rien l'éducation particulière favorisent néanmoins toujours les établissements qu'ils ont fondés, en exigeant de tous les candidats aux places relatives à l'éducation publique, une sorte d'apprentissage dans ces établissements. Ainsi, le talent qui a suivi la route indépendante, et qui, par un travail solitaire, a réuni peut-être plus de connaissances, et probablement plus d'originalité qu'il ne l'aurait fait dans la routine des classes, trouve sa carrière naturelle, celle dans laquelle il peut se communiquer et se reproduire, fermée tout à coup devant lui[1].

... Il importe que, si le système d'éducation que le gouvernement favorise est ou paraît être vicieux à quelques individus, ils puissent recourir à l'éducation particulière, ou à des instituts sans rapports avec le gouvernement. La société doit respecter les droits individuels,

---

[1] « Tout ce qui oblige ou engage un certain nombre d'étudiants à rester à un collège ou à une université, indépendamment du mérite ou de la réputation des maîtres, comme, d'une part, la nécessité de prendre certains degrés qui ne peuvent être conférés qu'en certains lieux, et de l'autre, les bourses et assistances accordées à l'indigence studieuse, ont l'effet de ralentir le zèle, et de rendre moins nécessaires les connaissances des maîtres ainsi privilégiés. » Adam Smith, *Richesse des nations*, V. I.

et dans ces droits sont compris les droits des pères sur leurs enfants[1].
Si son action les blesse, une résistance s'élèvera qui rendra l'autorité
tyrannique, et qui corrompra les individus en les obligeant à l'éluder...

Mais, dira-t-on, s'il s'élevait un établissement d'éducation reposant
sur des principes contraires à la morale, vous disputeriez au gouvernement le droit de réprimer cet abus? Non, sans doute, pas plus que celui
de sévir contre tout écrit et toute action qui troublerait l'ordre public.
*Mais la répression est autre chose que la direction, et c'est la direc-
tion que j'interdis à l'autorité.*

En éducation, comme en tout, que le gouvernement veille et qu'il
préserve, mais qu'il reste neutre; qu'il écarte les obstacles, qu'il apla-
nisse les chemins, on peut s'en remettre aux individus pour marcher
avec succès.

A ces conseils, donnés avec un bon sens lumineux, je n'ajoute-
rai qu'un mot. Ce sont les changements de gouvernements que
Benjamin Constant signalait comme entraînant après eux le changement des systèmes d'éducation publique, et en France ces révolutions ne sont pas rares. Mais nous avons trouvé moyen d'accé-
lérer cette mobilité : avec un ministre de l'Instruction publique
qui en général ne reste pas longtemps en place, les changements de systèmes seront annuels, et les problèmes d'éducation
seront décidés par des coups de majorité. La politique dans l'école
est chose détestable, personne ne le nie, mais chacun veut l'y
mettre, dès qu'il est au pouvoir, comme s'il était sûr de l'avenir ;
il n'y a qu'un moyen d'éviter cette invasion maudite, c'est de
respecter la liberté d'enseignement, et de ne point donner à
l'Etat un monopole de direction.

CHAPITRE VI

1830-1870

La charte de 1830 promit la liberté d'enseignement. L'article

---

[1] CONDORCET, *Premier Mémoire sur l'instruction publique*, p. 44.

n'existait pas dans le projet primitif, rédigé par M. le duc de Broglie, il fut ajouté par M. Bérard, qui joua le grand rôle dans la révision de la charte. M. Bérard se glorifie d'avoir fait échouer *l'adresse, pour ne pas dire la perfidie doctrinaire*[1], il cite avec orgueil, *comme ses amis de cœur à la fois et ses amis politiques,* Manuel, Béranger, Dupont de l'Eure, Salverte, Lafayette, Lafitte, Odilon Barrot, Benjamin Constant[2] ; on voit quel esprit animait ce réformateur improvisé, et on s'explique comment son projet fut adopté presque sans discussion au lendemain des glorieuses journées. Ce sont les libéraux les plus avancés qui, en 1830, ont décrété en principe la liberté d'enseignement, ce ne sont pas les cléricaux. D'ailleurs, en ce moment, le parti prêtre, comme on l'appelait, était écrasé sous les ruines de la vieille monarchie, et ce n'est pas la mode en France que le vainqueur fasse des lois au profit du vaincu.

Le gouvernement du roi Louis-Philippe essaya par deux fois de tenir les promesses de la charte. En 1836, M. Guizot prépara le premier projet de loi : Il nous dit dans le tome III de ses *Mémoires* qu'il ne crut pas devoir adopter une politique complète et hardie, qui eût accepté franchement le principe de la concurrence entre l'Etat et ses rivaux, laïques ou ecclésiastiques, particuliers ou corporations. Ce n'est pas de la liberté qu'il se défiait, c'était de l'opinion. « Quiconque eût fait une pareille proposition, dit-il, eût passé pour un jésuite secret, ou pour un lâche déserteur, ou pour un aveugle rêveur. »

La loi n'aboutit point, non plus que celle qui fut portée, en 1844, à la Chambre des pairs, par M. Villemain. Et cependant Dieu sait combien ces lois étaient timides. Reconnaître aux particuliers le droit de fonder des établissements, mais en les soumettant à la surveillance universitaire, se défier des associations, et surtout exclure avec un soin jaloux toutes les congrégations non autorisées, c'est ce qu'on appelait alors la liberté d'enseignement. L'idée dominante dans la politique du temps était de considérer la liberté pure, comme un vin trop fort pour des têtes françaises ; il fallait la tempérer par une dose d'arbitraire. C'est sous un horizon aussi bas qu'on voudrait nous replacer aujourd'hui. Et cependant depuis trente ans l'expérience a prouvé que la liberté d'enseignement

---

[1] BÉNARD, *Souvenirs historiques de la Révolution de 1830.* Paris. 1831. p. 219.
[2] BÉNARD, l. c.. Avant-propos. p. 14.

n'a porté aucun préjudice aux établissements de l'Etat, et, quoi qu'en disent des gens qui ont toujours peur, jamais l'influence politique du clergé n'a été aussi faible qu'en ce moment. On s'en aperçoit bien aux élections. Aujourd'hui le clergé n'est pas menaçant, il est menacé.

Tandis qu'on discutait avec chaleur ces lois, que M. Cousin, avec sa grande éloquence, dénonçait comme détruisant l'unité nationale, il se passa un de ces faits considérables, dont les contemporains ne sentent pas toujours la gravité, et qui cependant font date dans l'histoire de la civilisation. L'épiscopat français descendit dans l'arène et prit une position toute nouvelle dans la discussion. Bon nombre de libéraux repoussaient la liberté d'enseignement par crainte de la domination du clergé, et maintenant c'était le clergé, qui, au nom de la charte de 1830 et des principes, réclamait cette liberté comme un droit. Cette intervention donnait à la lutte un caractère tout particulier, et suscitait à la liberté autant d'adversaires que d'amis. Ceux qui n'ont vu dans la conduite du clergé qu'un accès d'ambition épiscopale se sont, à mon avis, trompés complètement ; il y avait là une nécessité de situation qui de jour en jour devient plus visible, et sur laquelle il est à propos d'insister, car, si l'on se méprend, on ira aux abîmes.

Sous l'Empire et sous la Restauration, l'Eglise et l'Etat étaient étroitement unis, en ce qui touche l'éducation ; c'était un lieu commun, emprunté de la tradition universelle, qu'un peuple ne peut vivre sans religion, et qu'il est bon que l'enfance soit élevée au pied de l'autel.

Mais la charte de 1830 supprimait toute religion d'Etat. C'est à grand'peine qu'on avait admis l'article qui déclarait, comme un fait évident, que la religion catholique était la religion de la majorité des Français. C'était le commencement de ce travail intérieur qui peu à peu s'est fait dans toute l'Europe. L'Etat rompait le dernier lien qui le rattachait à l'Eglise ; le citoyen et le fidèle devenaient deux personnages distincts. La religion n'était plus qu'une affaire de conscience, les églises n'étaient plus que des corporations particulières, la loi était purement laïque, ou, suivant un mot fameux dont on a exagéré le sens, la loi était athée.

Ce divorce politique de l'Eglise et de l'Etat, qui depuis cinquante ans n'a fait que devenir plus visible, imposait aux catholiques des devoirs nouveaux. Répudiée après une union de quinze siècles, qui n'avait pas toujours été paisible, l'Eglise avait droit de réclamer ce qu'elle avait apporté en dot ? l'Etat, c'est-à-dire l'éducation et la charité, les écoles et les hospices. Que l'Etat laïque veuille avoir ses écoles et ses hospices, c'est son droit; que, s'attribuant la part du lion, il garde pour lui les établissements existants, qui pour la plupart ont été fondés par le zèle pieux des fidèles, on peut l'admettre par amour de la paix ; mais, que l'Etat puisse interdire aux catholiques, c'est-à-dire à la majorité de la nation, de faire élever leurs enfants et soigner leurs pauvres, comme ils l'entendent, cela n'est pas juste, et dans une république, cela est énorme. Moins on a de goût pour l'union de l'Eglise et de l'Etat et plus on doit sentir que dans les réclamations de l'épisco-pat il n'y a que l'exercice d'un droit respectable, et la revendication de la liberté la plus sacrée.

J'irai plus loin : si l'Etat veut être indépendant dans son domaine, il doit être jaloux d'accorder aux catholiques ce qu'ils demandent, car la liberté de l'Etat ne peut exister qu'avec la liberté des particuliers. Si l'Etat prétend représenter la nation tout entière dans ses écoles, il lui faut nécessairement tenir compte de la religion des citoyens, et des légitimes exigences des pères de famille ; en d'autres termes, il faut revenir à l'Université impériale et faire une large part aux idées catholiques. Si on ne le fait pas, il y a domination d'un parti, domination partout insupportable, mais dans l'éducation plus qu'ailleurs. Au contraire, en laissant aux catholiques la liberté d'enseignement, on leur ôte le droit de se plaindre. On l'a bien vu depuis quatre ans. Jamais l'Université n'a été plus maîtresse chez elle. Mais qui peut s'imaginer que la loi actuelle, si elle est votée, tranche la question? Elle sera le point de départ d'une lutte nouvelle, et l'Université sera assaillie de tous côtés. Quand donc saurons-nous que la liberté seule peut pacifier les esprits ?

En parlant de cette lutte entreprise par les catholiques, comment oublier celui qui en fut le champion le plus intrépide, M. le comte de Montalembert? Il avait vu ces beaux collèges anglais d'Eton, de Rugby, de Harrow, fondations indépendantes, près desquels nos lycées, moitié couvents et moitié casernes, font triste figure ; il avait vu en Belgique les catholiques et les libéraux se réunir pour insérer dans la Constitution[1] une liberté d'enseigne-

---

[1] Constitution belge, art. 17. « L'enseignement est libre ; toute mesure préventive est interdite ; la répression des délits n'est réglée que par la loi.

» L'instruction publique donnée aux frais de l'Etat est également réglée par la loi. »

ment qui laisse de bien loin en arrière notre liberté réglementée et administrée; enfin et par dessus tout, il avait le culte de ces universités du moyen âge où la liberté s'était épanouie. Aussi parlait-il de tous ces grands exemples avec une éloquence que ses adversaires même ne pouvaient méconnaître ; mais il était catholique, cela suffisait pour le rendre impopulaire auprès des libéraux. On l'appelait jésuite, cela dispensait de lui répondre. Le catholicisme a donné à l'esprit français un pli ineffaçable; toutes nos coteries politiques sont des églises qui ont chacune leur symbole, nous n'écoutons jamais ceux qui ne sont pas de notre chapelle, nous les excommunions.

Il fallut une révolution pour que le rêve de M. de Montalembert devînt une réalité. Dans le premier enthousiasme de la victoire, les républicains de 1848 proclamèrent la liberté d'enseignement. C'était la tradition de 1789 et de l'an III.

L'enseignement est libre ; la liberté de l'enseignement s'exerce selon les conditions de capacité et de moralité déterminées par les lois, sous la surveillance de l'Etat ; cette surveillance s'étend à tous les établissements d'éducation et d'enseignement sans aucune exception.

Une loi fut préparée par le comité d'enseignement, M. Jules Simon en fut le rapporteur. Personne ne songeait à proscrire ; le clergé avait fait de l'opposition au roi Louis-Philippe ; il avait sa part de la victoire ; on lui faisait bénir les arbres de la liberté. La loi proposée établissait franchement la liberté pour tous ; et c'était au milieu de l'approbation universelle que M. Jules Simon disait dans son rapport :

La République n'interdit qu'aux ignorants et aux indignes le droit d'enseigner, et elle ne connaît pas les corporations ; elle ne les connaît ni pour les gêner, ni pour les protéger ; elle ne voit devant elle que des professeurs.

Nobles paroles qui honoraient M. Jules Simon en 1848, et qui sont aujourd'hui sa justification contre tous ces nouveaux politiques qui ne lui pardonnent point de n'avoir pas changé d'opinion et d'être resté fidèle à la liberté.

Ce ne fut cependant qu'en 1850 que fut faite la loi d'enseignement, sous l'inspiration de M. le comte de Falloux. M. Thiers et l'abbé Dupanloup jouèrent le principal rôle dans la commission qui prépara la loi. M. Thiers la défendit devant l'Assemblée avec une force de raison qui emporta l'assentiment de la majorité. C'est grâce à lui, qu'avec le concours des catholiques et des libéraux fut votée la loi qui règne encore aujourd'hui.

Cette intervention de M. Thiers contrarie singulièrement les partisans de la loi nouvelle; il est dur d'avoir contre soi une si grande autorité. Il serait nécessaire de réfuter M. Thiers, et de montrer qu'il eut tort d'abandonner le monopole universitaire, et d'accepter la liberté, mais ce n'est pas le réfuter que de dire que cet esprit, d'ordinaire si net et si lucide, fut troublé par les événements, que M. Thiers eut peur, que la passion l'emporta, etc. Cette façon sommaire de condamner les gens qui ne sont pas de notre avis, a le défaut de rappeler la phrase célèbre d'un évêque anglican : « L'orthodoxie, c'est ce que je pense; l'hérésie, c'est ce que vous pensez. » Jamais, que je sache, M. Thiers n'a désavoué ce qu'il a fait en 1850. Il n'a jamais reconnu qu'il eût sacrifié les droits de l'Etat. Il avait réuni les forces vives de la France pour combattre par la liberté une révolution sociale; il avait donné la paix à l'Eglise et à l'Etat ; il n'était pas homme à s'en repentir. Qu'il repoussât la domination du clergé, qu'il voulût un Etat laïque, tel que la Révolution l'a constitué, cela n'est pas douteux, mais c'était un politique trop consommé pour ne pas respecter les consciences chrétiennes, et pour soulever sans nécessité une agitation religieuse. Les guerres de sacristie n'ont jamais porté bonheur aux gouvernements.

La loi de 1850 est trop connue pour que j'entre dans le détail de ses dispositions; mais j'insiste sur un point essentiel, l'organisation d'un conseil supérieur ; car c'est ce conseil qu'on propose de réformer, pour lui substituer un régime tout différent.

Tout en proclamant la liberté, la loi de 1850 réservait à l'Etat, non pas comme un monopole, mais comme un service public une portion notable de l'enseignement. Dès lors l'Université changeait de caractère. Ce n'était plus l'Etat enseignant, mais c'était toujours un grand corps enseignant au nom de l'Etat. Qu'elle continuât d'être maîtresse chez elle, rien de plus juste ; mais elle ne pouvait plus régner au dehors comme par le passé.

En théorie, rien de plus simple, mais il devait se présenter un certain nombre de questions mixtes, c'est-à-dire, intéressant à la fois les établissements libres et ceux de l'Etat. Comment résoudre la difficulté ?

On pouvait déclarer que désormais l'Université ne s'occuperait que de ses propres affaires, et supprimer toute ingérence de l'Etat dans l'enseignement libre. C'est la solution belge qui s'en remet aux tribunaux pour réprimer les violations de la loi, mais qui n'admet ni inspection, ni justice administrative.

On pouvait réserver l'inspection de l'État et mettre au-dessus de l'Université et des établissements libres un Conseil supérieur, dans lequel tous les intérêts seraient représentés. C'est à ce Conseil, nécessairement impartial, que serait confiée la juridiction suprême dans toutes les questions d'enseignement.

Cette seconde solution était dans les idées du temps ; elle fut acceptée de tous. M. Cousin, par exemple, peu favorable à la nouvelle liberté, applaudissait à cette combinaison qui faisait de tous les membres de l'enseignement une vaste corporation, semblable à l'ancienne Université de Paris, et il trouvait tout naturel d'y appeler des évêques afin que, suivant une expression de M. Thiers, toutes les forces vives de la société y fussent représentées. En fait le Conseil supérieur appartenait à la fois et à l'Université et à l'enseignement libre.

Pour mon compte je ne suis pas partisan de ces combinaisons ingénieuses. Ni l'Église, ni l'administration ne sont d'humeur facile ; celle qui ne domine pas crie à l'oppression. J'aurais mieux aimé que chacune restât maîtresse chez soi. Et, ce résultat on pouvait l'obtenir en simplifiant tous ces programmes, toutes ces conditions de grades qui réduisent l'enseignement à des exercices de mémoire. Toutes ces chinoiseries qui font des jeunes Français autant de lettrés aspirants au mandarinat, ne sont pas de mon goût. Ce n'est pas ainsi qu'on obtiendra la variété d'enseignement, chaque jour plus nécessaire pour répondre à l'infinie diversité des professions dans un pays riche et industrieux.

Mais je reconnais que mon goût n'est pas celui de la France, pays d'uniformité s'il en fût ; on l'a bien vu en 1873, lorsque la question du Conseil supérieur revint devant l'Assemblée nationale. On retomba dans le même sillon, avec cette différence toutefois qu'on supprima la section permanente sur l'avis fort sage de M. Jules Simon. Un Ministre responsable doit être libre dans son administration ; il ne faut pas qu'il abrite ses erreurs ou son impuissance derrière l'avis de conseillers qu'il n'a pas choisis.

CHAPITRE VII

LA LOI DE 1875

Si l'on en croyait les défenseurs des nouveaux projets, la loi de 1875 sur l'enseignement supérieur ne serait pas une loi de liberté vraie. Elle aurait été faite par une majorité résolue à user et abuser de sa supériorité numérique. C'est une surprise, un coup de majorité qui a fait une révolution dans notre législation. L'effet de cette mauvaise loi a été de frapper d'impuissance toute institution privée, et de fonder au profit de l'Église catholique un monopole aussi redoutable pour l'enseignement que pour la liberté.

A mon avis, les faits ne répondent guère à ces assertions.

Une surprise ! Il y avait près de quarante ans que la liberté de l'enseignement primaire était reconnue, et plus de vingt ans que la République avait donné la liberté de l'enseignement secondaire, quoi de plus naturel que de compléter l'œuvre par la liberté de l'enseignement supérieur ? M. Duruy y avait pensé dans son ministère ; et presqu'aussitôt après le 2 janvier 1870, quand l'Empire se déclara libéral, un ministre justement estimé, M. Ségris, nomma une commission pour préparer une loi sur la liberté de l'enseignement supérieur. Y avait-il là une influence cléricale ? Le président de la commission fut M. Guizot, un protestant. A côté de lui je nommerai, pour ne parler que des morts, M. de Rémusat, M. Dubois, de la Loire-Inférieure, M. Saint-Marc-Girardin, M. Prévot-Paradol. Assurément, c'était là des esprits indépendants et libéraux.

La discussion fut longue et approfondie, mais, autant qu'il m'en souvient, personne ne contesta le principe de la loi ; les principales difficultés portèrent sur la part d'influence qu'on laisserait à l'État en ce qui concerne la collation des grades. On ne voulait pas désarmer l'Université ; mais on sentait ce qu'il y avait de peu équitable à faire juger les élèves des écoles libres par des professeurs de l'enseignement officiel.

Un projet de loi fut rédigé ; la chute de l'Empire empêcha d'y donner suite. Ce fut ce projet, émané d'une commission impartiale, qui fut repris et présenté à l'Assemblée de 1871 par M. le comte Jaubert, esprit original, qui ne prenait le mot d'ordre de personne. Où donc était *la surprise* ? Et comment voir dans un fait aussi naturel la conspiration d'un parti ?

La commission nommée dans les bureaux en un temps où les groupes politiques n'avaient pas encore pris la mauvaise habitude de désigner les commissaires par considérations politiques, avant toute discussion, la commission était composée d'hommes spéciaux. Toutes les opinions y étaient représentées. Le 25 juillet 1873, jour où fut déposé le rapport, la commission comptait sept membres de la gauche et du centre gauche : MM. Pascal Duprat, Delorme, Scheurer-Kestner, Bardoux, Robert de Massy, Ferry et Laboulaye ; quatre membres de la droite : MM. de Guiraud, Adnet, Desbassayns de Richemont et Fournier ; et quatre membres de l'Université, appartenant au centre droit, tous partisans de la liberté d'enseignement, mais également jaloux des droits de l'Etat : MM. Saint-Marc-Girardin, Wallon, Bidard et Desjardins [1].

La loi, longuement préparée par la commission, fut discutée deux fois à l'Assemblée ; je ne crois pas qu'aucune loi ait été examinée avec plus de soin.

Dans la commission, personne ne contesta le principe, et ce fut sur la demande d'un des députés les plus instruits et les plus sages de la gauche, M. Pascal Duprat, qu'on rédigea l'article premier de la loi qui n'était pas dans le projet original : *l'enseignement supérieur est libre.*

A l'Assemblée, ce principe fut contesté dans un discours fort étudié par M. Challemel-Lacour, mais quoique l'orateur eut un grand talent, il fut peu suivi dans cette voie. La très grande majorité de la Chambre se prononça pour le principe de la liberté d'enseignement.

Et cette liberté, on entendait bien qu'elle profiterait aux associations laïques ou religieuses comme aux simples particuliers. Le rapport est formel en ce point [2]. A ce moment, d'ailleurs, on pen-

---

[1] Au moment du vote de la loi, en 1875, MM. Saint-Marc Girardin et de Guiraud étaient morts, MM. Wallon et Desjardins faisaient partie de l'administration ; ils avaient été remplacés par MM. Gatien Arnoult et Beaussire, anciens membres de l'Université, appartenant à la gauche de l'Assemblée, et par MM. Depeyre et Jules Buisson, de la droite. J'avais remplacé M. Saint-Marc Girardin comme président.

[2] Rapport de M. Laboulaye, p. 44. « Nous ne nous sommes pas demandé si ces

sait à donner à tous le droit d'association beaucoup plus qu'à mettre quelques centaines de prêtres français en dehors du droit commun.

Mais sur la collation des grades on commença à se diviser, on se divisa plus encore quand on vit l'insistance que certains membres catholiques mettaient à défendre la personnalité civile des associations religieuses ; la gauche se refroidit à mesure que la droite s'échauffa ; la passion politique, qui gâte tout, vint se jeter au travers d'une loi de liberté. Les libéraux formaient une armée au départ, mais au moment du vote final ils n'étaient plus qu'une poignée d'hommes restés fidèles au vieux drapeau ; la gauche considérait le triomphe de la liberté comme une défaite pour elle, comme une victoire pour les cléricaux.

Aussi, en 1876, quand la Constitution eut amené le renouvellement du Parlement, le nouveau ministère proposa-t-il d'annuler l'article qui donnait aux professeurs des Universités libres une place dans les jurys d'examen. La loi votée par la Chambre fut portée au Sénat. Je la combattis, non pas que je fusse grand partisan de ce jury mixte qui avait été introduit au cours de la discussion, mais je trouvais fâcheux de revenir, à quelques mois de distance, sur une loi qu'on avait à peine essayée et qui n'avait produit aucun mauvais effet. Pourquoi d'ailleurs cette défiance témoignée aux Universités libres, fondées sur l'invitation de la loi ? Enfin pourquoi cette subordination des professeurs libres aux professeurs de l'État ? N'était-ce pas attaquer la liberté d'enseignement, et donner à l'Université une prépondérance qui, dans un temps donné, ramènerait le monopole ?

La loi fut rejetée par le Sénat à une très faible majorité. Ce rejet blessa un parti qui ne perd aucune occasion de témoigner sa défiance à l'enseignement catholique. Une fois le Sénat renouvelé, on voulut une revanche de l'échec de 1876 ; de là les projets de M. Jules Ferry ; de là les accusations les plus vives contre la loi de 1875, qui n'a qu'un tort, c'est d'avoir suivi fidèlement la tradition libérale et républicaine, et d'avoir organisé la liberté pour tous.

---

associations seraient religieuses ou laïques. Que des citoyens adoptent un genre de vie et un habit particulier, c'est là un engagement de conscience, un lien spirituel, absolument étranger à l'ordre civil, et dont l'État n'a point à s'inquiéter, à moins que l'association n'ait un objet politique. La liberté religieuse n'est pas moins respectable que toute autre forme de la liberté ; et nous n'avons aucun droit d'exclure de l'enseignement des Français et des citoyens parce qu'ils s'y croient appelés par une vocation sacrée. »

— La liberté, dira-t-on, vous osez parler de liberté ? Mais écoutez donc les reproches qu'on adresse à cette loi. Elle établit le monopole ; elle contient des dispositions *draconiennes*, qui suppriment la liberté d'enseignement, c'est-à-dire la liberté d'enseignement pour chaque citoyen [1]; le projet de M. Ferry a entre autres avantages celui « de dégager la liberté individuelle des entraves que l'art. 2, § 3 de la loi de 1875 apportait à son exercice [2]. Les cours isolés qui constituent, à vrai dire, la liberté de la science, et qui sont dès lors le grand intérêt d'une loi qui proclame la liberté de l'enseignement supérieur ne seront désormais soumis... qu'au régime de la déclaration préalable. Par cette disposition, la loi nouvelle marque son caractère essentiellement libéral, et se défend suffisamment contre les reproches de tendance au monopole qui lui est si injustement adressé [3]. » Que répondez-vous à cela ?

Je réponds que ces reproches sont tellement chimériques que j'éprouve quelque scrupule à les discuter.

Le monopole des Universités catholiques ? Où donc existe-t-il ? Qui donc aujourd'hui, quelle que soit sa croyance, n'a pas le droit d'ouvrir une Université protestante, juive, positiviste, etc. ?

— En droit, oui, répondra-t-on ; mais, en fait, les catholiques seuls ont profité de la permission.

Le monopole consiste donc en ce que les catholiques ont seuls usé de la loi jusqu'à ce jour. Singulier monopole que chacun a le droit de partager dès demain. Mais en fait cela n'est pas exact. Il y en a d'autres que les catholiques qui ont largement profité de la loi.

Le projet de la commission portait que les départements et les communes auraient le droit de fonder des établissements d'enseignement supérieur. L'article n'est point resté dans la loi, par des raisons diverses qu'il serait sans intérêt de rappeler, mais surtout parce que le Ministre de l'Instruction publique reconnut le droit des départements et des communes, sous la condition que les facultés nouvelles rentreraient dans le cadre universitaire et

---

[1] *Journal officiel* du 22 juin 1879, p. 6490.

[2] Loi de 1875, art. 2, § 3. Les cours isolés dont la publicité ne sera pas restreinte aux auditeurs régulièrement inscrits, resteront soumis aux prescriptions des lois sur les réunions publiques.

Un règlement d'administration publique déterminera les formes et les délais des inscriptions exigées par le paragraphe précédent.

[3] Exposé du projet de loi, p. 3.

recevraient du gouvernement leurs professeurs. Les villes feraient les frais des nouveaux établissements, et en revanche ces écoles mixtes jouiraient de tous les droits et privilèges des facultés de l'Etat.

Je crois que cette combinaison n'était heureuse ni pour les villes à qui elle ne donnait pas un intérêt suffisant dans la fondation dont elles faisaient les frais, ni pour l'enseignement dont elle perpétuait l'uniformité ; mais il faut reconnaître que, sous l'empire de cette liberté reconquise, on vit sortir de terre des Facultés nouvelles. Lyon, à qui depuis quarante ans on refusait une Faculté de droit et de médecine les obtint aussitôt, Bordeaux ne fut pas moins heureuse, Lille et Toulouse furent autorisées à fonder des Facultés de médecine, Montpellier réclama et obtint une Faculté de droit. En tout sept Facultés conférant les grades au nom de l'Etat, mais Facultés municipales, et qui ne sont pas à la charge du budget. Aujourd'hui il est reçu qu'on ne peut refuser à aucune ville la fondation d'une Faculté ou d'une école quand elle propose de prendre les frais à sa charge. Il me semble que cela diminue singulièrement le prétendu monopole des Universités catholiques.

Quant au reproche d'avoir gêné l'enseignement individuel, il est plus étrange encore.

D'abord, qu'il me soit permis de dire que prendre la liberté de la science pour la liberté de l'enseignement, c'est une confusion singulière. La liberté de la science, comme la liberté de conscience, existe partout où un homme travaille ou prie dans son cabinet ; la liberté d'enseignement, comme la liberté religieuse, ne peut exister qu'avec certaines installations, qui le plus souvent sont coûteuses, et dépassent les forces d'un particulier. On peut dire que sans liberté d'association il n'y a ni liberté religieuse, ni liberté d'enseignement.

Mais pour en revenir aux cours isolés, la Commission de 1875 n'a jamais eu d'autre idée que de les favoriser. Elle a lutté à outrance à la tribune pour que rien n'entravât les cours individuels. Liberté pour tous ou liberté pour personne, telle a été la devise qu'elle a proclamée à la tribune par l'organe du rapporteur. Mais nous étions en présence d'une loi sur les réunions, qui exige des conditions particulières pour parler au public de quelque sujet que ce soit. Comment distinguer un cours d'une conférence publique ? Nous avons cherché longtemps un moyen de mettre le professeur à l'abri de toute difficulté administrative ou judiciaire, et nous l'avons trouvé en obligeant le professeur libre à avoir un registre sur lequel il inscrirait ses auditeurs, et des cartes d'entrée qu'il leur distribuerait. Voilà la disposition *draconienne* qui assurait au maître une entière liberté.

Le Ministre propose de l'abolir. C'est fort bien, nous n'y contredirons pas. Mais la loi des réunions publiques va reparaître, que fera-t-on ? A la Chambre, M. Jules Maigne, qui avait bien vu la difficulté a proposé l'assimilation des cours et des conférences. Qu'est-ce que le Ministre a répondu aux députés qui accueillaient la proposition avec faveur ? « Vous ne pouvez pas avoir la prétention, messieurs, en faisant une loi sur l'enseignement supérieur, de régler l'exercice du droit de réunion [1]. » C'était raisonner comme la commission de 1875, mais ce n'était pas résoudre la question. Qu'on vote la loi présentée par M. Ferry, le professeur libre n'aura plus à tenir un registre ; mais qu'arrivera-t-il si le recteur refuse l'autorisation, ou si la justice fait un procès parce qu'on ne reconnaît pas le caractère d'un cours dans la conférence, ou les conférences annoncées ? Je vois bien qu'il y aura procès et jugement ; veut-on me dire ce qu'y aura gagné la liberté ?

En fait, dans la loi nouvelle qui porte le titre singulier de loi sur *la liberté d'enseignement*, qu'on nous montre une seule mesure qui étende ou confirme cette liberté ? Est-ce le monopole de la collation des grades attribué aux seuls professeurs de l'Etat ? Est-ce la suppression des inscriptions dont le prix profitait aux établissements libres, prix qu'on reporte sur les examens qui ne profiteront qu'à l'Etat ? Est-ce le retrait du nom d'Université et de Facultés, refusé désormais aux établissements libres, qu'on veut réduire à n'être plus que des pensions bourgeoises et des salles de répétitions ? Est-ce l'article 7 qui supprime la concurrence de quinze cents maîtres ? Qu'on nous déclare fièrement qu'on revendique les droits imprescriptibles de l'Etat, nous comprendrons le sentiment, quoiqu'il repose sur une erreur ; mais qu'on cesse de parler de liberté, et surtout qu'on traite avec moins de sévérité les législateurs de 1875. Quoi qu'on fasse et qu'on dise, la loi de 1875 restera comme la loi la plus franchement libérale qu'on ait faite en France sur l'enseignement supérieur ; elle sera,

---

[1] *Journal officiel* du 5 juillet. p. 6161.

avec la loi des conseils généraux, l'honneur de l'Assemblée nationale. Sans doute cette Assemblée a fait plus d'une faute politique, mais elle renfermait un grand nombres d'hommes capables, et on y aimait sincèrement la liberté. En médire est peut-être plus facile que de l'imiter.

CHAPITRE VIII

LA COLLATION DES GRADES

Venons maintenant à la collation des grades. L'article premier de la loi nouvelle est ainsi conçu :

Les examens et épreuves pratiques qui déterminent la collation des grades ne peuvent être subis que devant les établissements d'enseignement supérieur de l'Etat.

C'est l'abolition de l'article 5 de la loi de 1875 qui établissait un jury mixte.

Un tel état de choses, dit l'exposé des motifs [1], n'était pas à vrai dire l'organisation de la liberté, mais seulement le partage d'une fonction qui appartient *essentiellement* à l'Etat, et qui consiste à déterminer les conditions qui règlent l'accès aux emplois publics, ou aux professions réglementées par la loi, dans ce double intérêt social : assurer le recrutement des principaux services, et maintenir le niveau des études.

Je ne m'expliquerai point sur les grades en eux-mêmes; on ne me comprendrait pas; je suis de l'avis de Bastiat [2]; mais

---

[1] Projet de loi présenté au Sénat, p. 2.

[2] BASTIAT : « L'Etat, ou pour mieux dire la faction, la secte, l'homme qui s'empare momentanément, et même très-légitimement de l'influence gouvernementale, peut façonner à son gré toutes les intelligences par le mécanisme des grades. Donnez à un homme la collation des grades, et tout en vous laissant libre d'enseigner, l'enseignement sera de fait dans la servitude. »

étant admis qu'il y aura des grades, est-il vrai que les donner soit
une fonction qui appartienne essentiellement à l'Etat, et n'est-ce
pas une confusion que de supposer que les professeurs de l'Université sont eux seuls les représentants de l'État?

Que l'Etat soit maître de déterminer les conditions qui règlent
l'accès aux fonctions publiques, je ne le conteste en aucune façon,
pourvu que ces conditions soient les mêmes pour tous. Depuis
longtemps déjà les différents ministères établissent, les uns des
écoles, les autres des concours et des examens à l'entrée de la carrière, personne, que je sache, n'attaque ce droit de l'Etat; il ne
s'agit donc ici que des grades universitaires. Est-il vrai que la collation de ces grades soit une fonction qui appartienne essentiellement à l'Etat?

L'histoire démontre le contraire. En tout pays avant la Révolution, c'était le corps enseignant qui donnait le grade, et ce grade
c'était l'autorité ecclésiastique qui l'avait établi. Autrement comment l'Université de Paris ou d'Orléans aurait-elle pu créer un
docteur en droit canon ou en droit civil ayant pouvoir d'enseigner
dans toute la chrétienté? Nous voyons cependant au xvi° siècle
Doneau, Hotman, Baudouin professer en Allemagne avec des
diplômes français. Quand Napoléon fonda le monopole universitaire, les Facultés continuèrent à faire passer des examens, et
alors seulement on eut l'illusion de l'État donnant des grades,
parce que l'Université délivrait le diplôme sur le certificat de la
Faculté. Mais pour qui ne se paye pas de mots, il est évident que
l'on n'était pas sorti de l'ancien système : *l'examen appartient à
celui qui enseigne.* Dépouiller les professeurs de leur droit d'examen, c'est leur enlever le plus beau fleuron de leur couronne.

Le jour où l'on établissait la liberté d'enseignement, qu'y avait-
il de mieux à faire que de garder l'ancien principe, et de laisser
chaque Université maîtresse de conférer les grades? C'est la solution la plus franche et la plus naturelle. C'est celle que proposait la commission de 1875, c'est celle que sur la proposition de
M. Frère-Orban, la Belgique libérale vient d'adopter après un
demi-siècle de tâtonnements et d'essais infructueux. Quel danger
offre une pareille solution? L'abaissement du niveau des études?
La concurrence le relève toujours. La fabrication d'avocats et de
médecins au rabais? Cela n'a aucun intérêt quand il s'agit des
avocats, qui ne se font accepter du public que par leur talent.
Quant aux médecins, quoi de plus simple que de séparer, comme

on l'a fait en Allemagne, le droit d'exercice et le grade, et de n'accorder le droit d'exercer qu'après des épreuves sévères faites devant un jury central. On arriverait ainsi à l'unité de diplôme, réclamée par un grand nombre de médecins.

Un amendement introduit dans la loi de 1875 a fait prévaloir un système de transition. On a réservé la collation des grades aux Facultés de l'État, mais, pour éviter que les professeurs officiels ne fussent seuls juges d'un enseignement rival, on a admis dans le jury d'examen un ou deux professeurs des Universités libres. En soi, ce régime n'a rien que de juste ; des hommes aussi considérables que M. Valette et M. Duverger se sont accordés pour en approuver le principe. Quoi de plus saisissant que ces paroles mises par M. Duverger dans la bouche des libéraux belges, répondant aux autoritaires français : « Les Belges répéteront sans se lasser : le droit public garantit toutes les libertés ; la liberté de l'enseignement est à tous les degrés une liberté constitutionnelle ; qui dit liberté dit concurrence ; qui dit concurrence dit égalité dans la lutte ; la lutte est inégale si l'un des concurrents est justiciable de l'autre sans garanties légales [1]. » A cette vérité de bon sens, qu'oppose-t-on ? Une sorte de droit divin de la collation des grades, que l'État même ne pourrait déléguer à d'autres professeurs que ceux de ses Facultés. Cette mesure, si simple, et au fond de si peu d'importance pour l'État, est dénoncée comme une usurpation de la puissance publique qu'il faut arrêter au plus vite. Franchement, je ne croyais pas que le sort de la France tînt à la façon dont on y fait des bacheliers et des licenciés.

Notez que ceux qui se prononcent pour le maintien de la loi de 1875 ne tiennent pas au jury mixte plus qu'à tout autre système. Ce qu'ils demandent, ce qu'ils ont droit de demander au nom de la liberté, c'est que le jury soit équitable, c'est-à-dire établi aux mêmes conditions pour toutes les écoles, libres ou officielles. Des prétentions aussi fondées sont un scandale pour les fanatiques de l'Etat ; mais chez tous les peuples qui pratiquent la liberté, c'est chose naturelle que de réclamer l'égalité devant la loi. C'est le principe de notre droit politique et civil, mais en France on s'y résigne difficilement dans la pratique. Cependant, renversons le problème. Supposons une monarchie ultracatholique envoyant les élèves des Facultés de l'Etat devant les Facultés

---

[1] *Bulletin de la Société de Législation*, mars 1879.

rivales; le trouverait-on juste? Où donc est la différence? Est-ce que la République donnerait à ses professeurs, si estimables d'ailleurs, un caractère d'infaillibilité mystique? Egalité entre les maîtres, égalité entre les élèves, voilà la solution qui s'impose à tout esprit non prévenu.

CHAPITRE IX

L'ARTICLE 7

L'article 7 est ainsi conçu :

Nul n'est admis à diriger un établissement d'enseignement public ou privé, de quelque ordre qu'il soit, ni à y donner l'enseignement, s'il appartient à une congrégation religieuse non autorisée.

Telle est la disposition qui, depuis six mois, agite l'opinion, divise le parti républicain, trouble les consciences et remue les passions les plus dangereuses. En vain des voix éloquentes se sont-elles élevées à la Chambre pour combattre une loi qui n'est plus de notre temps; en vain des universitaires émérites comme M. Francisque Bouillier, des républicains de l'avant-veille comme M. Littré, se sont-ils prononcés contre ce démenti donné aux principes de liberté pour lesquels la France a lutté depuis quatre-vingts ans; en vain la moitié des conseils généraux a-t-elle protesté contre cette mesure violente; rien n'a ébranlé la foi robuste du ministre; toutes ses paroles attestent qu'il est décidé à entraîner la France dans cette voie sans issue; rien ne l'effraie, non, pas même le risque d'allumer une de ces querelles religieuses qui consument et ruinent un pays.

Sur quoi donc s'appuie M. Ferry pour prendre un parti aussi périlleux? Etudions de près sa proposition et remontons aux principes.

Un gouvernement a-t-il le droit d'interdire des associations qui lui paraissent dangereuses?

En théorie, la réponse n'est pas douteuse. Le gouvernement est par essence le gardien de la paix publique; toute réunion, toute association qui menace la sécurité générale est un péril qu'il faut écarter. C'est pour un pareil cas qu'est faite la maxime : *Salus populi suprema lex esto.* C'est en vertu de ce principe qu'on a fermé les clubs et proscrit l'Internationale.

Mais il est vrai de dire que, lorsqu'un pays a fait assez de progrès pour pouvoir supporter la liberté avec les diversités, et, si l'on veut, les inconvénients qu'elle amène à sa suite, lorsque les mœurs publiques ne s'effraient plus de la variété des opinions, il est naturel d'accepter le droit d'association comme un droit du citoyen, et de s'en remettre aux tribunaux pour en corriger les excès et les abus.

C'est ce qu'ont fait les Etats-Unis en 1787; ils ont mis le droit d'association hors de la portée du législateur ordinaire. L'effet de cet article de la Constitution a été de permettre aux catholiques, presque partout exclus des treize colonies, d'y entrer sur le pied d'égalité, et de s'y développer en pleine sécurité, eux, leurs églises, leurs congrégations et leurs écoles. On ne voit pas que l'unité nationale en ait souffert.

C'est ce qu'ont fait les Anglais en 1822 quand ils ont émancipé les catholiques. A l'instant même les associations religieuses ont reparu, et plusieurs collèges de Jésuites sont aujourd'hui en pleine activité dans la libre Angleterre. Assurément s'il est un peuple qui ait eu l'horreur et la crainte des Jésuites, et qui les ait proscrits sans merci, comme des ennemis de la chose publique, c'est le peuple anglais; mais nos voisins savent depuis longtemps quelle est l'impuissance de la force pour réduire les oppositions religieuses, et quelle est au contraire la puissance de la liberté. Ils se résignent à respecter leurs adversaires, et en les respectant ils les désarment. Voit-on qu'aujourd'hui les catholiques d'Angleterre soient les ennemis du gouvernement anglais?

Enfin, c'est ce que la Belgique a fait après 1830. La Constitution ne permet pas aux Chambres de toucher au droit d'association. C'est sous l'empire de cette loi suprême que les congrégations et les écoles se sont développées en toute liberté. Je sais qu'en Belgique le parti libéral et le parti catholique crient, chacun de son côté, que tout est perdu, et qu'on marche à l'abîme; mais je ne crois pas qu'on trouve beaucoup de Belges qui nous envient la loi qu'on nous propose; je suis convaincu qu'en 1880, au cinquantième anniversaire de l'indépendance nationale, libéraux et catholiques, célèbreront à l'envi les bienfaits de la liberté, et que personne ne proposera de toucher à la Constitution de 1832.

« Qu'importe ce que font les autres nations, disent nos grands politiques ? Nous sommes Français, nous avons des lois qui proscrivent les congrégations non autorisées ; qu'on les exécute ! » Il est incroyable combien les partis respectent la loi quand ils peuvent en user pour écraser leurs ennemis.

Ces lois de proscription dont nous avons une ample provision existent-elles encore? J'en doute. Si elles vivaient, il y a longtemps qu'on s'en serait servi. Mais laissons faire les légistes, ces précieux serviteurs de toutes les tyrannies, royales ou populaires, ils nous exhumeront les lois des Césars contre les Collegia, les édits de nos anciens rois, l'arrêt de 1762, la loi de 1791, la loi de 1792, le concordat, les articles organiques, le décret de messidor an XII, l'ordonnance de 1828, etc.; tout leur est bon pour étrangler la liberté : lois de la royauté, de la république ou de l'empire; quant aux Constitutions qui ont reconnu la liberté de conscience, la liberté religieuse, le droit d'association, la liberté d'enseignement, cela n'existe pas pour eux. Tout pour l'Etat, rien pour les individus, c'est leur devise depuis Philippe le Bel.

Rendons toutefois cette justice au Ministre, qu'après avoir insisté sur la pleine vigueur de ces lois qu'on n'a pas appliquées depuis trente ans, il lui est venu quelques scrupules en face des lois de 1850 et de 1875. Voici comment il s'en est expliqué dans sa réponse à M. de Montjau :

Prenez-y garde ! Nos lois sur les congrégations dont j'ai démontré ici la légalité persistante et la plénitude d'existence, elles ont pourtant une fissure ; cette fissure date de la loi de 1850, et loin que nous courions le risque, ainsi que nous le reprochait l'honorable M. Madier de Montjau, en niant le droit d'enseigner aux corporations, de leur reconnaître le droit d'exister, je fais remarquer à mon honorable et éloquent contradicteur que c'est précisément le contraire qui est la vérité. C'est parce qu'on leur a reconnu le droit d'enseigner qu'elles cherchent depuis trente ans à arracher aux tribunaux une jurisprudence qui leur accorde le droit de vivre. (Très bien ! à gauche et au centre.) Vainement les dissoudrez-vous comme congrégations, si elles peuvent renaître comme professeurs. Aussi, c'est à combler la fissure, c'est à faire disparaître l'obscurité introduite par la loi de 1850, par tout ce qui s'est passé à cette époque, par les discussions de l'Assemblée législative, par le rejet de l'amendement Bourzat, c'est à cela que pare l'article 7, et c'est en cela qu'il est la seule législation efficace à laquelle on puisse recourir. (Très bien ! très bien! à gauche et au centre.)

Ne venez donc pas dire que nous affaiblissons la législation sur les congrégations; nous la fortifions, nous lui donnons une nouvelle force, et comme un nouveau printemps, si je puis dire. (Rumeurs à droite et sur quelques bancs à gauche.)

M. Janvier de la Motte (Eure). Pourquoi ne dites-vous pas : une virginité !

M. le Ministre. Non ! nous n'affaiblissons pas la législation de l'an XII, nous ne faisons pas une loi nouvelle, mais nous proclamons derechef, nous consacrons d'une manière solennelle et avec l'appui des deux Chambres, je n'en doute pas, l'existence et la virtualité de la législation qui régit depuis quatre-vingts ans les congrégations non autorisées. (Très bien ! à gauche et au centre [1].)

En d'autres termes, si je comprends bien les aveux du ministre, on dit aux Chambres : « Les congrégations enseignantes sont protégées par la loi, aidez-nous à briser cette barrière qui les défend ; après quoi nous ferons revivre les décrets du premier empire, et nous disposerons à notre gré de quelques milliers de Français, qui se sont liés par des vœux sacrés. Nous les tolérerons ou nous les chasserons suivant les circonstances. »

Ce langage est clair; mais il m'étonne chez un gouvernement, gardien né de l'égalité des droits; je doute également que le Sénat accepte cette façon oblique de ressusciter des lois de proscription. S'il est nécessaire d'en finir avec les congrégations, proposez une loi ; que la discussion soit franche et nette ; mais ne faites pas résoudre une si grosse question par une disposition incidente ; ayons tous le courage de notre opinion.

Et quel est donc ce danger si pressant qu'il faille, sans plus tarder, établir en France à côté des voleurs et des escrocs une nouvelle classe de gens, flétris par la loi et mis en dehors du droit commun, parce qu'il leur a plu de se lier entre eux par le triple vœu de pauvreté, de chasteté et d'obéissance? Ce danger, si l'on en croit M. Ferry, est pressant; les congrégations non autorisées empoisonnent l'esprit de la jeunesse par des doctrines qui ne sont

[1] Séance du 9 juillet 1879; *Officiel*, p. 6375.

pas conformes aux principes de la révolution française. L'enseignement des Jésuites, c'est l'enseignement de la contre-révolution [1] : « Dix ans encore de ce laisser-aller, de cet aveuglement, et vous verrez tout ce beau système de liberté d'enseignement qu'on préconise, couronné par une dernière liberté, la liberté de la guerre civile [2]. »

Ecoutons encore le ministre parlant en Sorbonne aux sociétés savantes, venues à Paris pour s'occuper des antiquités de la France :

Méfions-nous de ces prétendues libertés qui tendent à dissoudre l'unité morale de la France. Méfions-nous-en, car cette liberté ne peut exister de créer deux Frances là où il n'y en a qu'une, et de faire deux partis dans la jeunesse française, ayant la même origine, étant de même race, mais n'ayant les mêmes idées ni sur le passé de la France, ni sur son avenir, et qui, bien que parlant la même langue, finiraient par ne pas se connaître et ne plus se comprendre. Cette liberté-là, nous la rejetons, car ce n'est pas une liberté qui se défend, mais une servitude qui se prépare, et c'est un despotisme qui grandit.

Je n'essaierai pas de réfuter ce discours, mais je prierai le lecteur de le placer pour un instant dans la bouche de Le Tellier, conseillant à Louis XIV d'en finir avec les protestants, qui mettent en péril l'unité de la France, ou dans la bouche de M. de Peyronnet, conseillant à Charles X de faire *une loi de justice et d'amour*, en supprimant la liberté de la presse, cause de toutes les divisions de la France; peut-être alors le lecteur sentira-t-il que ce n'est pas la liberté d'enseignement mais la liberté en général, la liberté pure et simple que condamne M. Ferry. Il n'est pas douteux que la liberté amène à sa suite la diversité, la controverse et l'agitation, comme le monopole amène le silence, l'uniformité et la mort. Cela n'a pas empêché nos pères de choisir la liberté; il est un peu tard pour nous proposer de restaurer l'unité qui régnait en France avant 1789.

La division des deux Frances n'est pas de l'invention de M. Ferry; M. Cousin s'en est servi à la Chambre des pairs, avec plus d'éloquence que de succès. C'est là un fantôme qui ne fait plus peur qu'aux enfants. Est-ce donc que nos divisions datent de

---

[1] *Officiel* du 9 juillet, p. 6375.
[2] M. Ferry, Discours d'Épinal.

1850, et la liberté d'enseignement en est-elle la cause? La vieille France n'a-t-elle pas été plus d'une fois travaillée par des divisions redoutables? Sous la Restauration était-on moins partagé qu'aujourd'hui? Ce sont les révolutions qui ont creusé ce fossé qui sépare malheureusement les Français. Si quelque chose peut rapprocher les esprits et les cœurs, c'est la jouissance d'une commune liberté; si quelque chose peut les aigrir d'avantage, ce sont des lois qui ont l'air d'avoir pour objet non pas le règne de la justice, mais le triomphe d'un parti.

Est-il vrai d'ailleurs que les congrégations non autorisées enseignent des doctrines détestables? Est-il vrai que les auteurs favoris de ces établissements soient animés d'un esprit d'hostilité contre tout ce qui constitue la tradition de la révolution française, l'Etat moderne, nos institutions, nos lois, notre société? Le ministre l'affirme, et, à l'appui de ses affirmations, il cite un certain nombre de passages empruntés à des livres trouvés dans la bibliothèque des établissements qu'il accuse. Ces livres, de diverse provenance, ne sont pas tous des livres d'enseignement; ils ont pour auteurs des laïcs aussi bien que des prêtres; ils ne sont pas seuls dans les bibliothèques suspectes, et enfin rien ne prouve que ces écrits soient ceux dont s'inspire l'enseignement oral. Le caractère de ces ouvrages a donc bien peu de poids pour justifier une accusation.

Ces livres même que contiennent-ils de si criminel? Les citations du ministre, citations qui ont fait une assez vive impression sur la Chambre, m'ont laissé très froid, je l'avoue; le langage habituel de la presse m'a sans doute endurci depuis longtemps. De ces citations je dirais volontiers ce que Martial disait de ses vers :

Sunt bona, sunt quædam mala, sunt mediocria plura.

Sunt bona; que penser, par exemple, du passage suivant :

M. LE MINISTRE. Les droits féodaux ! Voici ce qu'on apprend à ces jeunes enfants.

Le Seigneur, étant souverain dans son domaine, exigeait de ses vassaux le service militaire, les citait devant son tribunal pour leur rendre justice, et percevait divers impôts, payés quelquefois en argent, le plus souvent en nature. Ces droits étaient fort étendus, mais ils n'étaient point arbitraires. Le vassal n'était tenu de se soumettre qu'à ceux que la coutume avait établis, et qu'il avait librement acceptés... Il est juste

d'ajouter que les redevances féodales étaient généralement peu oné-
reuses, et que plusieurs se payaient par un simple témoignage de bonne
humeur et de gaieté. (Rires prolongés à gauche et au centre)... L'Etat,
qui s'est approprié tous les droits féodaux en les aggravant, n'a jamais
usé des mêmes accommodements avec ses contribuables. (Bruyante
hilarité et applaudissements ironiques au centre et à gauche.)

M. LE MINISTRE. Vous pouvez juger par là, Messieurs, de l'esprit qui
règne dans l'enseignement de l'histoire en ce qui concerne la période
du moyen âge[1].

Il m'est difficile de voir ce qu'il y a de criminel ou même
d'inexact dans ce passage, qui n'est que le résumé de nos coutumes féodales.

L'auteur du livre que je n'ai pas sous les yeux, ou le ministre
a-t-il confondu par hasard, le vassal, homme libre, soldat féodal,
avec le serf, attaché à la glèbe, taillable à merci et miséricorde?
Le serf a été trop souvent écrasé et misérable, mais le serf n'est
pas le vassal; il n'a pas de droits ; tandis que le vassal ne doit
qu'une obéissance contractuelle, et qu'en dehors du pacte féodal
on ne peut l'imposer sans son aveu.

Sunt quædam mala. Il est fâcheux de justifier l'inquisition en
disant que le tribunal ecclésiastique ne prononçait pas la peine de
mort contre le blasphémateur, l'hérétique ou le sacrilège, mais
que c'étaient les princes séculiers qui envoyaient au gibet les
gens que censurait l'inquisition. Ce n'est pas sur le bourreau,
c'est sur le juge que retombe le sang de l'homme injustement
condamné.

Il ne faut pas davantage justifier la révocation de l'Edit de
Nantes, au nom de l'unité nationale, ni en rejeter la responsabilité sur les victimes. Cette révocation fut une violence abominable, que l'Evangile réprouve aussi sévèrement que peut le faire
la politique. Mais s'il est facile à un vieux libéral de condamner
cette tyrannie qui fait un crime de la croyance, je trouve le ministre bien sévère, car il fait ce qu'il reproche à ses adversaires.
Qu'est-ce que sa loi, sinon une poursuite faite au nom de l'Etat
pour obtenir l'unité de doctrine ? Qu'est-ce que le crime de ceux
qu'on dénonce au pays, sinon un crime d'opinion?

Sunt mediocria plura. Ce qui est médiocre et ce qui abonde
dans ces citations, ce sont des appréciations de la Révolution

---

[1] *Journal officiel* du 27 juin 1879, p. 5688.

française qui sont vraies en un sens et fausses en un autre ; on peut reprocher aux auteurs de ne voir trop souvent qu'un côté des choses. Par exemple, il est vrai que les Girondins ont les premiers déclaré la guerre en 1792; mais ce qu'on ne dit pas c'est que l'Europe était en armes et nous menaçait de toutes parts. Il est vrai encore que les volontaires de 1792 ne furent pas du premier coup ces héros de mélodrame dont le regard suffit pour mettre l'Europe en fuite, mais ce qu'on ne dit pas, c'est qu'une fois incorporés et disciplinés, ils ne le cédèrent à personne en audace et en vaillance.

En somme, je suis loin d'approuver la plupart des opinions citées par M. Ferry, mais je n'y vois aucun délit ; il me semble que les auteurs de ces livres ont usé de la liberté d'opinions qui appartient à tous les Français. Voudrait-on par hasard qu'il y eût une histoire officielle, une doctrine d'Etat, une orthodoxie républicaine ?

— Non, dira-t-on; nous ne voulons rien de pareil!; mais nous voulons nous débarrasser « de ce détestable esprit jésuitique, de cette haine violente de la Révolution française, de la société moderne, de tout ce que nous aimons, de tout ce que nous vénérons, et qui fait notre force et notre grandeur dans le monde[1]. »

Voilà de bien graves accusations, il faudrait les justifier.

Peut-on accuser les prêtres en général, les congrégations en particulier, de manquer de patriotisme?

Non; mille fois non. Je ne crains pas de le dire en face d'un absurde préjugé. Les prêtres sont patriotes en tous pays. Ne sont-ce pas les prêtres qui, au Canada, ont maintenu par la religion la nationalité française? N'ont-ils pas rendu le même service à la Pologne ? Quand on a chassé d'Alsace les frères et les jésuites, n'est-ce pas parce que le vainqueur redoutait leur attachement à la vieille patrie? Qui donc maintient le nom de la France en Orient, sinon d'humbles sœurs et de pauvres religieux? Je ne dirai rien de la conduite des prêtres et de leurs élèves pendant la guerre de 1870; ce souvenir est dans tous les cœurs. Mais qu'on prenne les *Discours sur l'éducation* du père Captier, prieur de l'école d'Arcueil, où trouver un patriotisme plus pur que dans le langage de ce martyr de la Commune ? Et penser que son souvenir ne protégera même pas la maison qu'il a fondée !

---

[1] *Journal officiel* du 27 juin 1879, p. 5691.

— Soit, dira-t-on, ils aiment la vieille France, mais ils n'ont que du mépris pour la Révolution, et la Révolution « c'est la grande charte de la société moderne [1] », c'est notre Evangile.

Je crois, en effet, que le clergé pris en masse a peu de goût pour la Révolution qui l'a persécuté de toute façon; mais aimer la Révolution n'est pas un dogme, et il est permis tout au moins de distinguer dans ce chaos d'institutions et d'idées qui va de 1789 au 18 brumaire. Protester contre les échafauds de la Convention me paraît, quant à moi, non seulement un droit mais un devoir. Si de prétendues nécessités politiques peuvent justifier la proscription, il n'y a plus de liberté possible; c'est la force qui prime le droit. On nous fait des histoires de la Révolution qui sont la glorification de la tyrannie; honneur à ceux qui combattent cette odieuse idolâtrie !

Si par Révolution on entend les libertés modernes proclamées par les constituants de 1789, c'est autre chose. Elles sont un bienfait si grand pour les peuples modernes qu'ils en oublient aisément les crimes et les malheurs dont leurs pères ont été victimes. La liberté religieuse, la liberté d'opinions, la liberté de la presse, les libertés individuelles, sont des biens d'un tel prix qu'on ne peut les payer trop cher.

Sous le nom de Révolution, seraient-ce ces libertés qu'attaqueraient ceux qu'on veut chasser de l'enseignement? Rien ne le prouve; mais quand cela serait vrai, où serait le crime? Et de quel droit peut-on empêcher un homme de ne pas croire à la liberté de la presse, dans un pays où il est légalement permis de ne pas croire à Dieu? S'imagine-t-on, d'ailleurs, que des jeunes gens de seize à dix-huit ans ne raisonnent jamais par eux-mêmes, ne lisent aucun livre et suivent aveuglément leurs professeurs? Il n'en était pas ainsi de mon temps. Elevés sous la Restauration dans les plus pures doctrines monarchiques, nous étions tous libéraux. Le monde a-t-il changé depuis cinquante ans? L'Empire n'a-t-il laissé après lui que des bonapartistes ? D'où viennent donc tous les républicains qu'on voit aujourd'hui ? Quand donc en aurons-nous fini avec ces terreurs chimériques, restes d'une ancienne servitude !

En fait, l'accusation n'est pas solide. Sans doute, ces libertés nouvelles ne sont pas du goût de tous les catholiques. Habitués

---

[1] *Journal officiel* du 27 juin 1879, p. 5689.

à l'obéissance chrétienne, fondée sur le respect de l'autorité, ils envisagent avec méfiance une forme de société qui laisse à l'individu pleine indépendance et pleine responsabilité. Mais peu à peu on veut user de la liberté générale, et plus on en profite, plus on s'y attache. Je ne suppose pas que les Jésuites d'Amérique ou du Canada soupirent après le pouvoir absolu qui leur serait moins favorable qu'un gouvernement libre. Il ne me paraît pas douteux que les Jésuites de France ne seront pas des derniers à se réconcilier avec la République. Cette perspective effraie déjà des républicains jaloux qui veulent garder pour eux seuls le culte de leur divinité; mais qu'est-ce que cela peut faire à ceux qui ne voient dans la République qu'un régime ouvert à tous les Français ?

Mais pour en arriver à cette harmonie, il faut un gouvernement sage et bienveillant. Il faut faire la part du temps, qui désagrège toutes choses et amène peu à peu des transformations nécessaires ; il faut permettre aux vieilles idées et aux vieilles gens de mourir de leur belle mort. Déclarer au nom de la République qu'on retire la liberté à un parti politique ou supposé tel, sous prétexte qu'il ne s'en servirait pas comme nous l'entendons, c'est, il faut l'avouer, un singulier moyen de réconcilier ce parti avec la liberté et avec la République. Comment s'y prendrait-on si on voulait perpétuer les divisions dont souffre le pays ?

— Mais ils ne demandent la liberté que pour la détruire. — Où est la preuve de cette accusation? Les catholiques belges, anglais, américains, ont-ils jamais conspiré contre la constitution qui les protège ? Ces reproches sont-ils autre chose que le cri des passions ? N'est-ce pas ainsi que, dans tous les temps, le parti arrivé aux affaires a essayé d'écraser ses rivaux. « Les minorités de- » mandent toujours l'égalité et la justice, ceux qui ont le pouvoir » en main ne s'en soucient plus. » Voilà ce qu'écrivait Aristote il y a plus de deux mille ans[1]. « Chaque jour, dit en note M. Bar- » thélemy Saint-Hilaire, confirme la vérité de cette maxime très » profonde, mais peu consolante. » Peut-être serait-il temps d'imiter la démocratie antique par d'autres côtés.

[1] ARISTOTE, *Politique*, liv. VI, ch. 1, 14.

CHAPITRE X

L'ARTICLE 7 CONSIDÉRÉ AU POINT DE VUE JURIDIQUE

J'ai essayé de montrer que l'article 7 était excessif, et que les circonstances n'en justifiaient point la nécessité ; mais, en outre, considéré en lui-même, il soulève plus d'une objection au point de vue purement juridique.

1° On crée par la loi un ordre d'indignité particulière qui frappe sans jugement une catégorie de citoyens. Est-ce que cela est conforme au principe de l'égalité devant la loi que proclament toutes nos constitutions depuis quatre-vingts ans ? N'est-ce pas un démenti donné aux principes de 89? Je comprends une loi qui dissout certaines associations et qui punit d'une peine ceux qui, après la promulgation de la loi, continueront à faire partie de l'association prohibée, c'est là une mesure générale que la justice applique à ceux qui désobéissent ; mais ici, je ne vois rien de pareil. La loi ne statue pas seulement pour l'avenir, elle a un effet rétroactif et elle est une loi d'exception. Elle saisit ceux qu'elle n'a pas prévenus, elle les flétrit à la fois comme membres d'une congrégation et comme individus. Qu'un jésuite, interdit civilement comme membre d'une société prohibée, aille en son privé nom enseigner les mathématiques dans une pension laïque, il sera puni de 100 à 1,000 fr. d'amende, et l'établissement sera fermé. Le prêtre proscrit porte la peste avec lui; la loi n'a d'indulgence pour lui que s'il apostasie; en ce cas, son indignité s'efface; l'Etat lui rend sa confiance.

Comment en est-on arrivé à cette disposition vraiment draconienne qui n'était pas dans le projet du Gouvernement? C'est la logique qui y a conduit la Commission. Dès que l'enseignement est une délégation de l'Etat, il est naturel que l'Etat refuse a qui il veut sa confiance, mais si enseigner est un droit du citoyen, comme le soutient l'Ecole libérale, on aboutit à une énormité. « Toute peine, dit Montesquieu, qui ne dérive pas de la nécessité, est tyrannique. La loi n'est pas un pur acte de puissance; les choses indifférentes par leur nature ne sont pas de son ressort[1]. » Je demande s'il est nécessaire que toute la jeunesse française soit élevée dans les idées d'un ministre qui change à peu près tous les ans ?

2° Il me semble qu'il aurait fallu définir ce que la loi entend par congrégations religieuses non autorisées. La chose est moins claire qu'elle ne semble au premier aspect. Il y a plus d'une espèce de congrégation; il y a, par exemple, des ordres répandus dans le monde entier, comme les Jésuites, qui obéissent à un général et qui font des vœux particuliers; il y a des associations de prêtres, comme les Oratoriens, qui sont soumis à l'ordinaire, qui n'existent qu'en France, et qui ne diffèrent en rien des prêtres séculiers, sinon en ce qu'ils reconnaissent un supérieur, qui les préside. A-t-on jamais pensé, même sous l'Empire, que le fameux décret de messidor an XII concernât les Oratoriens? En 1828, quand on a interdit l'enseignement aux Jésuites, a-t-on fermé Juilly? Cependant, si l'on vote le texte mal défini de la loi, le gouvernement pourra fermer des établissements qui n'ont jamais porté ombrage à personne. Il pourra emprunter à l'Oratoire M. l'abbé Perrault pour en faire un professeur en Sorbonne et un évêque d'Autun; mais Mgr Perrault n'aura pas le droit d'enseigner *Rosa, Rosæ*, dans un collège. Le gouvernement pourra prendre aux Oblats de Marie l'archevêque de Paris; mais le vénérable cardinal qui, dans ses mandements, parle la langue du grand siècle, n'aura pas le droit de corriger un discours français dans un petit séminaire; il y aurait, paraît-il, danger de guerre civile! De bonne foi, qui a entendu personne se plaindre des Eudistes, qui existent modestement depuis deux siècles, et des Maristes, et du tiers ordre de Saint-Dominique, créé, si je ne me trompe, pour user du bénéfice de la loi de 1850, et qui sera frappé pour avoir eu confiance dans la loi ?

Le ministre a senti la force de l'objection ; voici comment il y a répondu :

J'écarte du débat la question des écoles de filles, par la raison très simple que je vais vous dire. Il existe 13,994 religieuses dans les congrégations non autorisées, et 113,750 dans les congrégations autorisées.

<hr>

[1] *Esprit des Lois*, liv. XIX, ch. xiv.

Eh bien ! je vous le demande, qui peut empêcher les congrégations non autorisées de se ranger à ce régime de l'autorisation sous lequel des congrégations tout aussi pieuses, tout aussi recommandables vivent depuis de longues années.

Cette considération bien simple écarte, il me semble, la question des filles.

Un membre à droite. Votre loi ne distingue pas.

M. LE MINISTRE. Je vous demande bien pardon ! La loi parle de congrégations non autorisées.....

M. KELLER. Vous ne donnez plus d'autorisation.

M. LE MINISTRE. Elle ne défend en aucune façon les congrégations de femmes ; si elles veulent se faire autoriser, elles n'ont qu'à produire leurs statuts. Un décret du pouvoir exécutif y suffirait.

La loi même ne s'opposerait pas à ce qu'une congrégation d'hommes vînt ici devant cette Chambre apporter et faire approuver ses statuts. (Exclamations à droite. Mouvement à gauche.)

Oh ! je sais bien, Messieurs, ce que vous allez objecter ; et puisque je tiens à vous parler en toute franchise, je dirais volontiers que pour les Jésuites, c'est autre chose ; la cause est entendue. (Ah ! ah ! à droite.)

M. DE LA ROCHEFOUCAULD, DUC DE BISACCIA. Ceux-là sont sacrifiés.

M. LE MINISTRE. Les Jésuites sont jugés ; mais on a parlé des Sulpiciens...

Plusieurs voix. Ils ont l'autorisation.

M. LE MINISTRE. On a parlé des Picpuciens, des Maristes, de quelques autres congrégations. Qu'est-ce qui vous autorise à croire que, si elles apportaient ici leurs statuts, la Chambre refuserait de les autoriser, sans exception ni distinction ?

Qu'est-ce qui vous le dit ? En tout cas, elles ne l'ont jamais fait, elles n'ont jamais pensé à l'essayer. Mais quant aux congrégations de femmes, un décret suffit ; la question est donc vidée, et je n'y reviendrai plus[1].

Cette réponse fait honneur à l'esprit conciliant du ministre. Il n'en veut qu'aux Jésuites qui sont, non pas entendus ni jugés, comme il le dit par erreur, mais condamnés sans être entendus ni jugés, ce qui n'est pas tout à fait la même chose. Pour le reste le ministre est plein de bonne volonté. Les religieuses, il les autorise, les congrégations d'hommes, autres que celle des Jésuites, il ne s'oppose pas à ce qu'on les accepte. Voilà qui est bien, sans doute, mais quelle étrange conclusion d'un débat si vif ?

Quoi, l'enseignement des congrégations non autorisées nous

[1] *Journal officiel* du 28 juin 1879, p. 5727.

met à la veille de la guerre civile, mais si elles demandent l'autorisation on peut la leur accorder ! Leur crime n'est donc pas dans leur enseignement, mais seulement dans l'indépendance qu'elles ont voulu garder. Chose singulière, en ce point je serais tenté de croire que le ministre va trop loin. En autorisant des congrégations, on les approuve, on s'y associe en quelque sorte, on resserre l'alliance de l'Eglise et de l'Etat ; ce n'est pas de ce côté que va le courant des idées modernes. Laisser pleine liberté aux congrégations enseignantes, et les ignorer, c'est là, ce me semble, ce que l'opinion demande. Reconnaître les unes et proscrire les autres, quand toutes sont animées d'un même esprit et enseignent à peu près de même, n'est-ce pas soumettre l'état des citoyens au bon plaisir des Chambres ou de l'administration, en d'autres termes n'est-ce pas de l'arbitraire au premier chef?

Le mot paraîtra dur ; mais ce qu'on veut faire pour l'enseignement ressemble tellement à ce qu'on essayait de faire sous la Restauration pour amener la presse à l'unité monarchique, qu'on me permettra de m'appuyer de l'opinion de M. Royer-Collard en 1821. Je n'admire pas toutes les idées politiques de M. Royer-Collard, il en a changé trop souvent ; mais, comme moraliste, il est incomparable. Voici comment il jugeait la loi qui permettait au ministre ou à la Cour d'appel de supprimer un journal dangereux :

La loi actuelle ne suppose pas (ce serait une absurdité grossière) qu'on puisse être à la fois innocent et coupable ; mais elle suppose qu'on peut être à la fois innocent et dangereux, et qu'ainsi, pour la sûreté de l'Etat, il doit y avoir au delà de la justice une justice extraordinaire, un pouvoir arbitraire, pour frapper ce qui est dangereux quoique légalement irréprochable.

Je n'ai rien à dire de cette maxime, si ce n'est que c'est elle qui a fait le tribunal révolutionnaire. (Mouvement très vif à droite.) Oui, Messieurs, le tribunal révolutionnaire... Je ne compare assurément ni les temps, ni les choses, ni les hommes ; mais je dis que la loi que vous discutez découle du même principe que le tribunal révolutionnaire, savoir la nécessité prétendue d'un pouvoir extraordinaire, placé au delà de la justice, pour saisir comme dangereux ce que la justice ne saurait atteindre comme coupable [1].

Cette horreur de l'arbitraire, si vive sous la Restauration, au

<hr>

[1] De Barante, *Vie de M. Royer-Collard.* t. II, p. 143.

lendemain de la Révolution et de l'Empire, M. Royer-Collard l'exprimait encore en 1827 à propos d'une nouvelle loi sur la presse :

Nous avons hérité de la Révolution, plus que nous ne pensons et ne le voulons sans doute. Si les principes qu'elle professa furent purs et généreux, ses actes furent trop souvent empreints d'une immoralité profonde. Cette immoralité souille encore aujourd'hui et nos lois et nos esprits. *On dirait que nous ne savons que proscrire*[1].

Ces paroles vengeresses n'ont malheureusement rien perdu de leur à-propos. Les jésuites déplaisent à un parti puissant. A tort ou à raison, on croit qu'ils ont été mêlés à l'entreprise du 16 mai, cela suffit : « Qu'on les proscrive, et qu'on proscrive avec eux toutes les congrégations non autorisées. » — Mais ce sont des citoyens français ; la robe noire ne peut effacer le caractère civique ; ils sont électeurs et éligibles, ce qui est plus assurément que d'être professeurs. — « Qu'on les déclare indignes d'enseigner : nous n'en voulons plus. »

Et quand fait-on cette proposition? Quand M. de Bismarck, malgré sa puissance, a assez d'esprit pour comprendre qu'il a fait fausse route en employant la violence contre les catholiques ; quand les cantons suisses qui se sont engagés dans une guerre religieuse, y renoncent de guerre lasse ; quand l'Italie, fidèle aux principes libéraux de Cavour, vit tranquille et sans agitations religieuses à côté du pouvoir temporel aboli. Est-ce donc que l'expérience n'est pas faite pour les Français?

Sommes-nous menacés à l'intérieur? Tous les partis opposés à la République se meurent d'impuissance. Rien ne peut inquiéter le gouvernement ; la République n'a rien à craindre que d'elle-même. C'est le moment qu'on choisit pour irriter une opinion vivante, l'opinion catholique, la seule force qui puisse ranimer les anciens partis, et leur donner la cohésion qui leur manque. A-t-on des raisons de craindre les Jésuites? Aucune, ils ne se sont jamais mêlés ostensiblement de politique ; leur seul tort est d'avoir des collèges mieux installés que ceux de l'Etat, avec une discipline plus douce et mieux entendue. Est-ce que toute la jeunesse française va recevoir leurs leçons? Non, ils ont 7,000 élèves sur 150,000 ; l'Université en a 80,000, et le nombre

[1] DE BARANTE, *Vie de M. Royer-Collard*, t. II, p. 315.

en augmente tous les jours. Qu'y a-t-il donc à faire, sinon à profiter de l'exemple des Jésuites, et à leur opposer des collèges aussi bien organisés que les leurs.

— Mais les Jésuites sont une milice dans la main d'un général étranger. Peut-être y aurait-il à craindre des ordres venus de Rome ? — On n'a pas même la ressource de cet épouvantail. Le successeur de Pie IX est l'esprit le plus libéral, le plus sage, le plus pacifique qui ait jamais occupé le siège de saint Pierre. C'est un politique chrétien qui comprend les conditions de la société moderne, et qui s'y prête en tout ce qui n'intéresse pas la foi. Sa seule pensée est de régler au mieux, et dans l'intérêt commun, les relations de l'Eglise et de l'Etat. Ce n'est pas de ce côté que peut venir le danger.

Que le gouvernement y songe bien ; il n'est point fait pour céder aux préjugés ou aux passions d'un parti, si puissant que soit ce parti. Il semble à certaines personnes que tout homme qui porte une robe noire se mette par cela même hors la loi, et qu'on puisse le traiter comme un étranger et un ennemi ; mais cet homme est Français, et en le traitant avec cette dureté, vous blessez toutes les consciences, et vous les rangez du côté de l'opprimé. Il n'y a pas de gouvernement, et surtout de gouvernement républicain, qui puisse résister à cette révolte de la conscience publique. En apparence, il est tout-puissant, personne ne l'attaque ; un beau jour, on s'aperçoit qu'il est ruiné ; rien ne le soutient plus, l'opinion l'abandonne, et les premiers à profiter de sa faiblesse sont les violents qu'il a cru désarmer en leur cédant. Ce qui fait la force des gouvernements, c'est l'appui, c'est l'estime, c'est la confiance de cette classe nombreuse de citoyens qui travaillent, s'occupent rarement de politique, et ne demandent au pouvoir que de leur assurer une pleine sécurité. Cette sécurité est atteinte dès qu'on croit voir l'ombre d'une agitation religieuse ; nous en sommes là.

Cinquante ans d'enseignement donné par les Jésuites auraient moins troublé la France et moins compromis la République que ne le font les lois sur l'enseignement.

CHAPITRE XI

DE LA LOI RELATIVE AU CONSEIL SUPÉRIEUR DE L'INSTRUCTION PUBLIQUE

La loi relative au Conseil supérieur de l'instruction publique et aux Conseils académiques est celle qui porte le plus visiblement la marque des idées et des préoccupations du Ministre. Ce que veut M. Ferry, c'est l'omnipotence de l'Université ; rien ne subsistera que par elle, et pour elle. Trente ans de liberté sont pour lui non avenus ; la conception du Conseil supérieur, tel que l'ont établi les lois de 1850 et de 1873, lui paraît aussi fausse que dangereuse ; il faut revenir en arrière. C'est la République qui, à soixante ans de distance, restaure l'Université impériale trop longtemps méconnue.

Le projet de loi (du Conseil supérieur) n'est ni une loi de circonstance, ni une œuvre de parti ; c'est l'acte d'un gouvernement soucieux des droits de l'Etat, jaloux de sa responsabilité, et qui s'est donné pour tâche de restituer à la chose publique, dans le domaine de l'enseignement, la part d'action qui doit lui appartenir, et qui va s'amoindrissant depuis bientôt trente ans, sous l'effort des usurpations successives[1].

Appeler *usurpations* des lois votées par l'Assemblée législative de 1850 et confirmées par l'Assemblée nationale en 1873, c'est une assertion hardie. Pour traiter si cavalièrement ses devanciers, il faut avoir trois fois raison. Tout le système du Ministre porte sur cette affirmation : que l'instruction et l'éducation appartiennent à l'Etat. On a vu plus haut, au chapitre V, comment la Constitution de 1848 et l'Assemblée de 1850 repoussèrent cette théorie, condamnée par l'expérience de tous les pays libres, et comment le législateur fut conduit à constituer un Conseil supérieur qui fut

---

[1] Exposé des motifs des projets de loi, p. 1.

tout à la fois le Conseil de l'Université et celui de l'enseignement libre. A mon avis, il eût mieux valu rompre nettement le lien ; mais, dès qu'on ne voulait pas d'une séparation absolue, on ne pouvait établir autre chose qu'un Conseil commun aux deux ordres d'enseignement ; on peut discuter sur les détails, mais non sur le principe.

Le Ministre porte contre cette organisation l'accusation la plus forte :

Les représentants de l'Enseignement public, dit-il[1], furent autant que possible éliminés du Conseil supérieur, tandis que les portes s'ouvraient toutes grandes aux représentants et aux tuteurs attitrés des enseignements rivaux. *Sous prétexte d'influences sociales et de représentation des intérêts moraux,* la majorité fut attribuée dans ce *Conseil d'enseignement* aux éléments étrangers à l'enseignement.

Qu'y a-t-il d'exact dans ces imputations ?

D'abord c'est fausser l'institution du Conseil supérieur que de n'y voir qu'un Conseil d'enseignement ; le législateur s'est exprimé clairement à ce sujet ; il a voulu établir un arbitre entre les deux enseignements et une juridiction suprême.

Voyons maintenant les autres griefs. Les représentants de l'enseignement public en étaient-ils systématiquement éliminés ?

Il y en avait 17 sur 40, en y comprenant les 5 membres de l'Institut qui sont les représentants les plus élevés de l'enseignement public, et qui d'ailleurs étaient presque tous des professeurs.

Les portes s'ouvraient-elles toutes grandes aux représentants et aux tuteurs des enseignements rivaux ?

Il y avait quatre membres de l'enseignement libre élus par le Conseil, ce qui n'était que justice, et en outre quatre évêques représentant l'enseignement religieux dans l'Université, et l'enseignement des petits séminaires et d'un certain nombre d'écoles libres. Veut-on y joindre deux membres des églises réformées, et le grand-rabbin de France, qui ne devaient pas voir les choses du même œil que les évêques : cela fait au total onze membres représentant l'enseignement libre sur quarante.

Quant aux influences sociales, leur représentation se bornait à un membre de l'académie de médecine, fort utile pour les questions d'hygiène, si importantes pour la construction des écoles et

<hr>

[1] Exposé des motifs. p. 1.

des colléges ; à un membre du Conseil supérieur des arts et manufactures, à un membre du Conseil supérieur du commerce, et enfin à un membre du Conseil supérieur de l'agriculture, chacun d'eux élu par ses collègues. Il est permis de croire que la présence de ces représentants de grands intérêts sociaux était fort précieuse pour éclairer le Conseil sur certaines parties de l'enseignement, telles que l'instruction technique ou professionnelle.

Comme juridiction (c'est là un point capital que le ministre laisse dans l'ombre), le Conseil était fortifié par la présence de deux conseillers à la cour de cassation et de trois conseillers d'État.

Que restait-il enfin? Un membre de l'armée et un membre de la marine, personnes nécessaires pour régler tout ce qui concerne l'Ecole polytechnique, Saint-Cyr et l'Ecole de Brest.

Voilà de quels éléments se composait ce Conseil auquel on prête des intentions si noires. J'ai eu l'honneur d'en faire partie pendant six ans ; je déclare que je n'ai jamais vu d'assemblée plus respectable, plus unie et animée de meilleures intentions. En ce qui touche la juridiction, notamment, je ne crois pas que l'Université ni l'Enseignement libre puissent trouver des juges plus éclairés et plus impartiaux.

Ces considérations ne sont pas faites pour toucher le Ministre ; il est convaincu que ce Conseil était une machine de guerre, et une machine cléricale. En un mot, dit-il, « l'Université était mise en surveillance, sous la haute police de ses rivaux, de ses détracteurs et de ses ennemis [1] ».

Et comment le Ministre va-t-il remédier à cet état de choses. En affranchissant l'Université? Ce n'est pas assez ; il ne suffit pas que l'Université soit libre, il faut qu'elle soit maîtresse. On l'a asservie, il faut qu'elle domine à son tour, et cela est juste, car l'Université, c'est *l'État enseignant* [2] ; le mot y est.

Sous l'empire de cette idée le Ministre en arrive logiquement à des conclusions qu'un ami de la liberté ne peut admettre. Il supprime de fait le Conseil supérieur et le remplace par un Conseil de l'Université, auquel il soumet l'enseignement libre. C'est trancher le nœud gordien sans doute, mais il faudrait laisser au dés-

---

[1] Exposé des motifs, p. 3. « Vous aviez pour but de dissoudre l'Université et de lui river au pied le boulet de la servitude. » *Journal officiel* du 26 juillet 1879, p. 7082.

[2] Exposé des motifs, p. 3.

potisme ces façons de faire. Rien n'est plus simple que de sacrifier les droits des citoyens à l'Etat, c'est-à-dire à l'administration, mais ce n'est pas avec cette brutalité qu'on agit dans les républiques ; et il faut reconnaître que les législateurs de 1850 et de 1873 avaient plus de souci de la liberté.

Tout entier à cette idolâtrie de l'Etat, la grande hérésie des temps modernes, le Ministre voit dans les dispositions des lois de 1850 et de 1873 des monstruosités qui me paraissent très légitimes, et qui sont la consécration même de la liberté.

Le Conseil supérieur, dit le Ministre, ne doit être, selon nous, qu'un conseil d'études ; *sa mission est par dessus tout pédagogique*, c'est le grand conseil de perfectionnement de l'enseignement national[1].

Fort bien, mais s'il est *par dessus tout pédagogique* il ne doit s'occuper que de l'enseignement et de *l'enseignement national*, ce qui veut dire, je suppose, l'enseignement de l'Université. En est-il ainsi? A ce Conseil nouveau, tout entier dans la main du Ministre, M. Ferry ne donne-t-il pas les attributions de l'ancien Conseil, et notamment la juridiction suprême sur l'enseignement libre, choses et personnes. Ne dites donc pas que ce nouveau Conseil sera *surtout pédagogique*; il suffit de lire les articles 5, 6 et 7 de la nouvelle loi pour s'assurer du contraire.

La première condition pour prendre place (dans ce Conseil) est d'avoir une compétence, d'appartenir à l'Enseignement. Nous excluons par là tous les éléments incompétents, systématiquement accumulés par le législateur de 1850 et par celui de 1873.

Déclarer que pour être compétent en fait d'éducation il faut appartenir à l'enseignement, est une de ces assertions qui, avec une apparence de vérité, ne supportent pas l'examen. Pour fonder un enseignement nouveau, chargé de fournir des hommes instruits au commerce, à l'industrie, à l'agriculture, croit-on qu'un membre du conseil de l'agriculture ou de l'industrie n'en sait pas plus qu'un professeur de latin? Pour généraliser l'étude du dessin, un membre de l'Académie des beaux-arts n'a-t-il pas une compétence plus sûre qu'un professeur de sciences ou de lettres ? Un magistrat n'entend-il pas mieux l'enseignement du droit qu'un

[1] Exposé des motifs, p 3.

professeur de mathématiques? Un médecin n'est-il pas plus au courant des questions d'hygiène qu'un agrégé d'histoire? Et enfin appartient-on à l'enseignement quand on fonde et qu'on dirige des écoles? En ce cas, les évêques devraient avoir la première place dans le Conseil.

Quant à l'Etat enseignant, nous le voulons maître chez lui ; nous ne le concevons sujet de personne, ni surveillé par d'autres que par lui-même[1].

Dans ce passage, qu'est-ce que l'Etat enseignant? C'est l'Université, ce me semble. Qu'elle soit maîtresse chez elle, cela s'entend, quoiqu'on puisse se défier de l'esprit de corps, mais de quel droit l'Université sera-t-elle maîtresse chez les autres et surveillera-t-elle l'enseignement libre, c'est-à-dire l'enseignement de ses rivaux ?

Le Conseil supérieur est un des rouages de l'autorité publique.

Qu'entendez-vous par *l'autorité publique?* Si c'est l'Etat, la puissance publique, nous sommes d'accord ; si c'est l'Université, nous dirons que le Conseil supérieur n'est pas un des rouages de l'Université, mais de l'enseignement, ce qui n'est pas la même chose.

Nous n'admettons pas que les uns y siègent comme représentants *de l'Etat*, les autres comme représentants de la société. Cette distinction, chère aux auteurs de la loi de 1850, est la négation du régime démocratique et représentatif, sous lequel nous vivons. Soit qu'il s'agisse de la fortune publique ou de l'organisation militaire, des autorités qui rendent la justice, ou *de celles qui président à l'Enseignement*, la société n'a pas d'autre organe reconnu, pas d'autre représentation régulière et compétente que l'ensemble des pouvoirs publics émanés directement ou indirectement de la volonté nationale, et cet ensemble s'appelle l'*Etat*.

Si je comprends bien ce passage qui, pour moi, n'est pas clair, il me semble qu'il contient des assertions qui n'ont aucun lien ensemble et aucun rapport à la question. Le nom d'*Etat* y est employé dans des acceptions différentes, ce qui produit ici toute la confusion.

[1] Exposé des motifs, p. 3.

La société, dit le Ministre, n'a pas d'autre représentation régulière et compétente que l'ensemble des pouvoirs publics émanés directement ou indirectement de la volonté nationale, et cet ensemble s'appelle l'*Etat*.

Qu'est-ce que cela veut dire, sinon que la volonté de la France est représentée par ses mandataires, qui seuls ont droit de faire la loi et d'en suivre l'application?

Personne ne le conteste; mais il faut avouer que cette négation du gouvernement direct de la nation n'a rien à faire ici.

Mais, dira le Ministre, vous voulez un Conseil supérieur, où les uns siègent comme *représentants de l'Etat*, les autres comme représentants de la société?

Quels sont donc ces représentants de l'Etat qui siègent dans le Conseil supérieur? Je n'y vois que des professeurs. Est-ce que jamais on a considéré les professeurs comme des dépositaires de la puissance publique? Est-ce que jamais on leur a appliqué le fameux article 75 de la Constitution de l'an VIII qui créait un privilège pour les agents de l'Etat? A supposer même qu'en certains moments, à l'examen du baccalauréat, par exemple, le professeur agisse par délégation de l'Etat, comme l'examinateur de l'Ecole polytechnique, est-ce que ce mandat frappe le professeur d'un cachet indélébile, et en fait, en toutes circonstances, un représentant de l'Etat? Et quand ce professeur est appelé à donner son avis au ministre dans un Conseil, est-ce à titre de fonctionnaire qu'il parle, ou en son propre et privé nom? Est-ce au grade du fonctionnaire qu'on fait appel ou à l'expérience de l'homme, et dans ce dernier cas, en quoi l'expérience d'un proviseur ou d'un censeur a-t-elle quelque chose de plus sacré que l'expérience du directeur de Sainte-Barbe ou de l'Ecole alsacienne?

Ne nous laissons donc pas tromper par de grands mots. Ce que le Ministre appelle assez improprement les *représentants de l'Etat* dans le Conseil supérieur, ce sont des professeurs de l'Université, respectables à tous les titres, mais sans privilège politique. A côté d'eux siègent non pas des représentants officiels de la société, mais des gens également instruits et respectables, qui n'ont assurément rien d'hostile à l'Etat ou à la puissance publique. Appeler dans le Conseil supérieur le président et le procureur général de la Cour de cassation, des conseillers d'Etat, voire même des évêques, ce peut être chose désagréable ou incommode

à l'Université; peut-être est-il à propos de rendre à l'Université
une entière indépendance; mais dire qu'en 1850 et en 1873 on
a voulu opposer les représentants de la société aux représentants de l'Etat, c'est faire une pure équivoque, c'est déplacer la
question.

Quant à comparer l'administration de l'armée, des finances,
de la justice qui sont entièrement dans la main de l'Etat, qui
sont en quelque façon l'Etat même, avec l'administration de
l'enseignement qui comprend à la fois un service public et des
établissements libres, qui ne voit combien la comparaison est
boîteuse? On ne peut comparer que des choses semblables. Si
l'on veut se mettre sur un terrain solide qu'on prenne les ministères de l'agriculture et du commerce. Est-ce qu'il n'y a pas là
des Conseils supérieurs? Est-ce qu'ils sont fermés? Est-ce qu'on
n'y admet pas des personnages civils qui représentent la société
en face de l'administration? Est-ce que ces Conseils sont en
opposition avec les représentants de l'État? Sont-ils pour les pouvoirs publics un danger ou un appui?

Quel est donc le dernier mot du système de M. Ferry; c'est le
monopole et pas autre chose. Un député, M. Marcou, l'a bien reconnu, et il a tiré des paroles du Ministre une conclusion qui n'a
rien de forcé :

Le monopole universitaire? Ce mot ne me fait pas peur; on sera
bien forcé un jour de le rétablir.

On a fait déjà un pas. M. le Ministre s'est expliqué sur la question ;
il appelle des mesures qui ressemblent bien à ma proposition [1]. Oui,
il faudra rendre *absolument* impossible la concurrence du clergé, à
cause précisément de l'esprit malfaisant, hostile à nos institutions, qui
préside à l'enseignement dans les établissements privés [2].

M. Ferry ne suit pas M. Marcou dans cette voie extrême; il veut
rester à mi-chemin; mais il se trompe s'il croit qu'en France,
pays de logique et de passion, on s'arrêtera en route. Le monopole est en germe dans son projet de loi, il ne lui faudra pas
longtemps pour s'épanouir.

Le rapport, fait à la Chambre, n'est pas moins vif que l'exposé
du Ministre. M. Chalamet, le rapporteur, est, dit-on, un profes-

[1] Le certificat d'études.
[2] *Journal officiel* du 26 juillet 1879, p. 7087.

seur de mérite, il aime l'Université avec passion, on ne le voit que trop ; il considère le Conseil supérieur comme l'ennemi né de l'U-niversité. Avec de pareilles idées on peut être éloquent, mais non pas juste. M. Chalamet reproche au Conseil ce qu'il a fait, et ce qu'il n'a pas empéché de faire. Le premier chef d'accusation est légitime, il n'y a plus qu'à en prouver la vérité ; mais le second ? Comment le rapporteur, qui connaît la loi qu'il veut abroger, ne sait-il pas que le Conseil était chargé de donner un avis quand on l'interrogeait, et n'avait qu'à se taire quand on ne lui disait rien ? Quel que soit le Conseil futur il n'aura pas plus d'autorité ; ce ne sera pas une Chambre des Députés au petit pied, et par conséquent il n'en faut point attendre une initiative qui ne lui appartiendra jamais, car elle serait la destruction de la responsabilité ministé-rielle. Quelle justice y a-t-il donc à reprocher à l'ancien Conseil de n'avoir pas fait ce qu'il n'avait pas le droit de faire ? Est-ce donc un crime que de respecter les limites que la loi a tracées ?

Reste ce que le Conseil a fait. Son plus grand tort est de n'avoir pas approuvé toutes les réformes proposées par M. Jules Simon, vers la fin de son ministère ; c'est, suivant les paroles de M. Ferry, « d'avoir consacré dans les études l'inamovibilité du vers latin. » Et qui a commis cet acte abominable ? Ce sont les évêques du Conseil supérieur, dit-on. Eh bien, je suis obligé de l'avouer, j'ai voté pour le maintien du vers latin, et la vérité me force à dire que l'influence épiscopale n'y a été pour rien.

Je suis effrayé de ce qu'on veut entasser des connaissances de toute espèce dans la tête des enfants, et je reste convaincu que, si l'on veut conserver en France la culture littéraire, il faut ne pas affaiblir les études classiques : sinon il vaut mieux y renoncer tout à fait. A quoi bon du latin qu'on ne sait guère, et du grec qu'on ne sait pas du tout ? Faites des écoles où le latin sera l'ac-cessoire, si bon vous semble, mais pour les études littéraires gardez les traditions de l'ancienne Université, autrement il n'y aura bientôt que les écoles ecclésiastiques qui enseigneront à sentir la finesses et les beautés d'Homère et de Virgile, choses inutiles peut-être pour le commerce et l'industrie, mais indispen-sables si l'on veut conserver à la France son rang dans les lettres et les arts, car cette délicatesse de goût est la fleur même de la civilisation.

En présentant au Sénat la loi amendée, et je crois améliorée par la Chambre des Députés, le Ministre l'a accompagnée d'un exposé de motifs où, revenant à la charge contre l'ancien Conseil supérieur, il lui reproche comme un vice radical, *son immobilité :*

Ces grands corps, institués pour donner à l'Enseignement national une direction conforme aux besoins de la société moderne, se sont plus préoccupés de défendre le passé que de préparer l'avenir, et on les a trouvés trop souvent réfractaires aux réformes les plus sages et les plus mûres dans l'opinion [1].

C'est beaucoup de rancune à propos du vers latin ; mais il y a en outre une méconnaissance singulière du caractère de l'ancien Conseil, caractère qu'on conserve au nouveau. Le Conseil supérieur n'a jamais été chargé *de donner des lois à l'enseignement public, de lui assigner ses méthodes et son but* [2], il a été appelé deux fois par an à donner son avis sur des programmes et des systèmes d'examen proposés par le Ministre. Le Conseil nouveau n'en fera pas davantage ; ce sera un donneur d'avis qu'on écoutera si l'on veut ; tout ce qu'on peut demander, c'est qu'on n'en fasse pas un instrument de monopole.

En somme qu'y a-t-il au fond du projet de loi sur le Conseil supérieur ? Deux choses :

1° L'Université veut être maîtresse chez elle.

2° On veut de plus qu'elle soit maîtresse chez les autres.

Sur le premier point, il n'est point difficile de s'entendre. Et d'abord, qui empêche l'Université de faire ce qu'elle veut chez elle ? Elle n'a pas besoin pour cela de la permission du Conseil supérieur ; elle a ses comités consultatifs qui sont toujours à la disposition du Ministre. Faut-il rétablir une section permanente, un Conseil au petit pied, qu'il faudra payer tôt ou tard, et qui aura une tendance naturelle à se substituer au Ministre, comme cela avait lieu autrefois ; ceci, je l'avoue, me paraît peu conforme au régime parlementaire qui ne connaît que des ministres responsables, mais enfin qu'on présente une loi pour donner à l'Université une pleine liberté, je suis tout disposé à la voter ; je veux la liberté pour tout le monde.

L'Université devenue indépendante, qu'on y installe un Conseil purement pédagogique, je n'y vois pas d'inconvénient. Je deman-

---

[1] Exposé des motifs, p. 2.
[2] Id., p. 2.

derai seulement si dans ce Conseil pédagogique, il est bien nécessaire d'y introduire, comme le fait la Commission, deux sénateurs et deux députés. Le Ministre s'est opposé à cette innovation ;
il a fait justement remarquer qu'on pouvait craindre que les élus
du Parlement n'attirassent à eux une partie du pouvoir minis-
tériel[1]. Ce sont de trop grands acteurs pour un petit théâtre ; à
côté d'eux les autres conseillers seront trop amoindris.

Pour justifier cette mesure qui n'a rien de pédagogique, le rapporteur a trouvé des raisons singulières. C'est d'abord que ces
conseillers, sénateurs ou députés, pourront être des universitaires,
*et que dans ce cas ils ne siègeront pas à titre d'hommes poli-
tiques*[2]. Mais alors à quel titre siégeront-ils ? Où les placera-t-on
dans la hiérarchie ? Dans l'ancien Conseil il y avait des sénateurs,
MM. Wallon, Martel, Féray, mais c'est comme délégués de l'Institut, de l'agriculture ou du commerce qu'ils siégeaient ; tous les
membres du Conseil étaient égaux. Il n'en sera plus de même à
l'avenir.

La seconde raison, c'est que les sénateurs et les députés *tiennent
les cordons de la bourse* et que « leur présence sera utile, ne
fût-ce que pour refroidir certaines ardeurs excessives en les
mettant en face des nécessités du budget[3]. » Evidemment le rapporteur s'imagine toujours que le Conseil a l'initiative d'une
Chambre des députés et peut proposer une dépense ou une mesure entraînant une dépense ; mais jamais le Conseil n'a eu ce
pouvoir ; c'est le ministre seul qui peut présenter une demande
de crédit. Que feront donc dans le Conseil ces censeurs parle-
mentaires ?

Enfin, troisième argument, et non pas le moins original : « Les
députés et sénateurs ne seront-ils pas là pour parler au nom de
ces pères de famille dont on invoque souvent l'autorité[4] ? »

La raison me paraît plus neuve que solide. D'abord, il faudrait
établir, comme dans la Constitution de l'an III, que nul ne peut
entrer au Conseil s'il n'est marié ou veuf, mais ensuite en quoi la
qualité de sénateur ou de député donne-t-elle le droit de représenter les familles ? J'ai l'honneur d'être sénateur, mais je n'ai pas
reçu mandat des pères de famille pour parler en leur nom. Cette

---

[1] Rapport de M. Chalamel, p. 37.
[2] Rapport, p. 37.
[3] Rapport, p. 38.
[4] Rapport, p. 38.

paternité métaphorique ne me paraît pas de bon aloi dans un pays où tous les mandats partent de l'élection. Je refuse ma part de *paternité universitaire.*

Mais quand on aura donné pleine liberté, pleine indépendance à l'Université et, je le répète, je ne m'y oppose pas, resteront toujours les questions qui intéressent la liberté d'enseignement. Suivant l'art. 5, le Conseil aura à se prononcer :

1° Sur les règlements relatifs aux examens communs aux élèves des écoles publiques et des *écoles libres.*

Peut-on changer du tout au tout les examens du baccalauréat, sans consulter les principaux intéressés?

2° Sur les règlements relatifs à la surveillance des *écoles libres.*

3° Sur les livres d'enseignement, de lecture et de prix qui doivent être interdits dans les *Ecoles libres*, comme contraires à la morale, à la constitution et aux lois.

Ceci n'est plus de la pédagogie, mais de la politique. Je suis persuadé des bonnes intentions du Ministre ; mais cet article à la main, et le Conseil étant en majorité composé de professeurs, fonctionnaires de l'Etat, subordonnés au Ministre, quel est le livre qu'on ne peut pas interdire? Et quelle est la doctrine qu'on ne peut pas proscrire? Et ceci, notez-le bien, ne s'applique pas seulement aux écoles tenues par des prêtres, cela peut s'appliquer aux écoles libres, comme l'Ecole Monge, l'École Alsacienne. Le gouvernement, gêné par son omnipotence, osera-t-il prendre sur lui la responsabilité de livres où l'on appréciera trop vivement la guerre de 1870?

Enfin, et ceci n'est pas le moins grave, le Conseil est la juridiction suprême, c'est lui qui prononce en appel sur la révocation des professeurs titulaires de l'enseignement supérieur ou secondaire public, sur l'interdiction du droit d'enseigner ou de diriger un établissement d'enseignement, prononcée contre un membre de l'enseignement public *ou libre ;* sur l'exclusion des étudiants de l'enseignement public *ou libre* de toutes les académies (art. 7).

Sur ce point, deux réflexions : Pour les membres de l'enseignement public, il y avait plus de garanties dans l'ancien Conseil que dans le nouveau. Deux membres de la Cour de cassation, trois conseillers d'Etat, cinq membres de l'Institut, trois membres des conseils supérieurs de l'agriculture, du commerce et de l'industrie, sans parler des quatre évêques, des deux pasteurs et du grand rabbin de France, formaient un jury impartial et imposant, que ne peuvent pas remplacer des professeurs vieillis dans l'Université et habitués à maintenir toute la rigueur de la discipline; mais enfin l'Université peut préférer le jugement des siens.

En est-il de même pour l'enseignement libre? Où est la garantie d'impartialité? On nous parlera de l'honnêteté des professeurs de l'Université; j'y souscris, quant à moi; mais la première preuve d'honnêteté chez un juge, c'est de se récuser quand il a un intérêt dans l'affaire, ou qu'il lui faut prononcer sur le sort d'un rival. Le *Conseil de famille de l'Université*[1] ne peut pas être le juge de l'enseignement libre. Jamais le condamné n'acceptera l'arrêt prononcé par ses rivaux, et l'opinion sera presque toujours de l'avis du condamné.

En résumé, le Conseil supérieur, tel qu'il était établi par la loi de 1873, était, par la variété de sa composition, plus éclairé, plus compétent en éducation que ne pourra l'être le conseil pédagogique qu'on veut lui substituer; il valait beaucoup mieux comme juridiction, et rien ne le remplace comme représentation de l'enseignement libre. Il n'y a pas dans le projet nouveau cet esprit de justice et d'équité qui seul assure à la loi une durée paisible, en lui gagnant le respect et la confiance des citoyens.

CHAPITRE XII

CONCLUSION

J'ai essayé de démontrer :

1° Que de 1789 à 1795 nos pères ont regardé la liberté d'enseignement comme un droit individuel qui appartient naturellement à l'homme et au citoyen; ils ont repoussé toute ingérence de la

[1] Rapport, p. 43.

puissance publique, à ce point qu'ils n'ont pas même voulu d'une inspection de l'Etat.

2° C'est Napoléon qui en fondant l'Université a donné à l'Etat un monopole de direction qu'on ne trouve chez aucun peuple libre.

3° Sous la Restauration on a souvent annoncé une loi sur l'instruction publique, elle n'est pas venue. La Charte de 1830 a promis la liberté d'enseignement; la Constitution républicaine de 1848 l'a proclamée.

4° Les lois de 1850 et de 1875 ne sont donc pas des lois improvisées, des lois sans précédents. On oublie que la première a été défendue par M. Thiers, et que la seconde a été discutée deux fois en trois ans par l'Assemblée nationale.

5° Les projets de loi présentés par M. Jules Ferry rompent avec la tradition; il faut remonter à l'Université impériale pour retrouver le principe que le Ministre met en avant. Il y a plus de cinquante ans qu'on a fait justice de la doctrine qui attribue à l'Etat le monopole de l'Enseignement.

6° En tout temps, en tout pays la collation des grades a appartenu au maître qui enseigne; il est donc juste ou de reconnaître ce droit aux établissements libres, comme on fait en Belgique, ou tout au moins de leur assurer un jury impartial, comme celui qui en France confère le baccalauréat.

7° On ne conteste point à l'Etat le droit de régler la collation des grades, on lui demande de ne pas soumettre l'enseignement libre au jugement des professeurs rivaux. Toute combinaison qui maintiendra l'égalité entre les candidats ne soulèvera aucune opposition.

8° L'article 7 n'est point à sa place dans une loi d'enseignement. Il vise la condition juridique des congrégations non autorisées, et remet en question des droits reconnus par les lois de 1850 et de 1875. Il y a là une question qu'il est nécessaire d'envisager sous tous ses aspects; ce n'est pas indirectement qu'on résout un tel problème.

9° Si l'Université n'a pas une liberté suffisante, il est juste de la lui procurer. Ce qui n'est pas équitable, c'est de vouloir que l'Université domine l'enseignement libre, lui impose ses programmes, lui choisisse ses livres, et ait sur lui pleine juridiction.

10° L'idée de traiter l'enseignement libre comme une concurrence hostile est une idée fausse et dangereuse. Le grand-maître de l'Université est aussi le Ministre de l'Instruction publique ; ce double titre doit lui faire comprendre qu'il a un double devoir à remplir.

J'estime donc que les lois présentées par M. Ferry sont un anachronisme. Elles ne sont ni libérales, ni républicaines; le Sénat fera sagement de ne pas engager la France dans une voie pleine de difficultés et de périls.

Je finirai par une réflexion.

Plus les événements se déroulent, plus il devient clair qu'il y a deux écoles de républicains. Il y a l'école radicale, autoritaire, qui dans la Révolution n'admire que la Convention, et confond la liberté avec la puissance politique. Le suffrage universel, une seule Chambre, et des Députés maîtres de la vie publique et privée des citoyens, voilà leur idéal. Laissez les faire, c'est au nom du peuple qu'ils imposeront à la France un joug oligarchique qui lui fera regretter la monarchie. Pour moi, je pense que dans une république il est aussi nécessaire de brider le législateur qu'il est nécessaire de brider le prince dans une monarchie. Autrement qu'y gagnera la liberté ? Qu'y gagneront les citoyens ? En se rangeant du côté de la monarchie contre le Parlement, Voltaire disait qu'il aimait mieux avoir affaire à un gros lion que d'être dévoré par une centaine de rats; j'imagine qu'il vaut mieux s'arranger de façon à n'être mangé par personne.

C'est ce que fait l'école libérale qui s'est rattachée à la république en 1871, qui l'a fait accepter de la France en rassurant le pays, et qui a contribué puissamment à faire voter la Constitution de 1875.

Pour cette école qui remonte aussi visiblement à 1789 que l'autre à 1793, le Gouvernement a pour objet principal de maintenir la paix publique et de protéger la liberté de l'individu et le droit du citoyen.

Parmi ces libertés, reçues et pratiquées chez les peuples qui

sont à la tête de la civilisation, par leur puissance, leur richess.·
leurs idées, on a placé la liberté d'enseignement au même ran..
que la liberté religieuse et la liberté d'opinions. On ne dispute
point à l'Etat le droit d'avoir des établissements modèles, on n..
lui ménage pas l'argent; on lui refuse le monopole. Et on a raison,
car lui donner ce monopole, c'est imposer aux pères de famille,
aux citoyens, une gene inutile, et troubler la paix des consciences,
La liberté d'enseignement n'a jamais mis un Etat en danger; le
monopole a entraîné à sa suite des vexations sans nombre, et l'a-
baissement des études.

Oublie-t-on que sous la Restauration on a supprimé l'École
normale, suspendu les cours de MM. Guizot, Villemain et Cousin,
et chassé de l'enseignement M. Dubois de la Loire-Inférieure.
Oublie-t-on que sous le dernier empire on a brisé tous ceux qui
faisaient ombrage au maître. On se plaignait alors de l'influence
cléricale, aujourd'hui c'est une autre crainte. Il y a un esprit
d'intolérance qui ferait volontiers de l'Université une machine
de guerre pour renverser ce qu'on appelle le cléricalisme, et ce
que les catholiques appellent la religion.

Il n'y a que la liberté qui puisse abattre ces prétentions tyran-
niques et dissiper toute crainte; mais il n'y a pas de liberté sans
égalité. Je crois, du reste, que la concurrence est aussi nécessaire
dans l'enseignement que dans toutes les autres sphères de l'activité humaine. Si cette liberté est étouffée, l'Université ne sera pas
la dernière à souffrir de cette invasion de la politique.

Au contraire, je suis convaincu que la liberté rassurera les
consciences, dissipera d'injustes soupçons, et fera la part de chacun en assurant une grande prépondérance à l'enseignement de
l'Etat. C'est de la justice et de la liberté que j'attends la dissolu-
tion des partis et la paix sociale ; je n'attends rien des coups d'autorité. Ce n'est rien d'avoir la majorité dans les Chambres, si on
n'a pour soi l'opinion, et on ne conquiert pas l'opinion par la violence. Le vote des Conseils généraux a montré quel est l'état des
esprits; la liberté ne peut blesser personne, le triomphe d'un
parti ne peut qu'aigrir le reste de la France, et perpétuer des
divisions que tous les bons citoyens, et les républicains plus que
personne, ont intérêt à faire cesser.

On dit qu'il ne faut pas rompre l'union des républicains; je suis
de cet avis, si cette union a pour objet le maintien et la protection
de la liberté commune, de la justice pour tous. Autrement je ne

veux ni sacrifier la république, ni faire taire ma conscience. Un parti qui défend le droit, se relève toujours, fût-il dix fois vaincu ; les constitutionnels en savent quelque chose ; un parti républicain qui, une fois au pouvoir, refuse aux autres les libertés qu'il a réclamées dans l'opposition, un parti qui proclame qu'il ne doit rien à ceux qu'il appelle ses ennemis, est un parti qui se suicide, et qui périt sans honneur et sans espoir.

Qu'on y songe. La question soulevée par M. Ferry est la plus grosse question politique qu'on ait agitée en France depuis longtemps. C'est de notre avenir qu'il s'agit ; et le meilleur service qu'on puisse rendre au gouvernement, c'est de l'arrêter quand il est sur le point de livrer le pays aux aventures, et de se perdre lui-même, en devenant le gouvernement d'un parti.

VERSAILLES. — IMPRIMERIE CERF ET FILS, 59, RUE DUPLESSIS.